2019年度教育部人文社会科学研究专项任务项目（中国特色社会主义理论体系研究）"人类命运共同体视角下亚太经济一体化研究"（19JD710007）资助

｜国｜研｜文｜库｜

人类命运共同体视角下
亚太经济一体化研究

张国军 —— 著

光明日报出版社

图书在版编目（CIP）数据

人类命运共同体视角下亚太经济一体化研究 / 张国
军著 . -- 北京：光明日报出版社，2021.6
ISBN 978 - 7 - 5194 - 6001 - 3

Ⅰ.①人… Ⅱ.①张… Ⅲ.①区域经济一体化—亚太
地区 Ⅳ.①F114.46

中国版本图书馆 CIP 数据核字（2021）第 077950 号

人类命运共同体视角下亚太经济一体化研究

RENLEI MINGYUN GONGTONGTI SHIJIAO XIA YATAI JINGJI YITIHUA YANJIU

著　者：张国军			
责任编辑：李壬杰		责任校对：傅泉泽	
封面设计：中联华文		责任印制：曹　净	

出版发行：光明日报出版社

地　　址：北京市西城区永安路 106 号，100050

电　　话：010 - 63169890（咨询），010 - 63131930（邮购）

传　　真：010 - 63131930

网　　址：http：//book.gmw.cn

E - mail：lirenjie@ gmw.cn

法律顾问：北京德恒律师事务所龚柳方律师

印　　刷：三河市华东印刷有限公司

装　　订：三河市华东印刷有限公司

本书如有破损、缺页、装订错误，请与本社联系调换，电话：010 - 63131930

开　　本：170mm×240mm

字　　数：205 千字　　　　　　印　　张：16.5

版　　次：2021 年 6 月第 1 版　　印　　次：2021 年 6 月第 1 次印刷

书　　号：ISBN 978 - 7 - 5194 - 6001 - 3

定　　价：95.00 元

前　言

　　党的十八大报告指出："要倡导人类命运共同体意识，在追求本国利益时兼顾他国合理关切，在谋求本国发展中促进各国共同发展，建立更加平等均衡的新型全球发展伙伴关系，同舟共济，权责共担，增进人类共同利益。"2013年3月，习近平总书记在莫斯科国际关系学院发表演讲，首次向世界传达构建人类命运共同体思想。习近平总书记指出："这个世界，各国相互联系、相互依存的程度空前加深，人类生活在同一个地球村里，生活在历史和现实交汇的同一个时空里，越来越成为你中有我、我中有你的命运共同体。"2015年3月，习近平总书记出席博鳌亚洲论坛年会时提出"通过迈向亚洲命运共同体，推动建设人类命运共同体"的倡议。同年9月，习近平总书记出席第70届联合国大会一般性辩论，发表题为《携手构建合作共赢新伙伴　同心打造人类命运共同体》的重要讲话，提出打造人类命运共同体的五位一体总方略：要建立平等相待、互商互谅的伙伴关系；要营造公道正义、共建共享的安全格局；要谋求开放创新、包容互惠的发展前景；要促进和而不同、兼收并蓄的文明交流；要构筑尊崇自然、绿色发展的生态体系。构建人类命运共同体思想是一个科学完整、内涵丰富、意义深远的思想体系。"建设持久和平、普遍安全、共同繁荣、开放包容、清洁美丽的世界"是这一思想的核心。构建人类命运共同体思想是马克思主义中国化的重要理论成果，丰富了中国特色社会主义理论体系内容，是习近平新时代中国特色社会主义思想的重要组成部分，是中国国际关系理论和中国外交理论的创新。

20世纪80年代后期，亚太地区贸易和投资活跃，各国经济相互依赖程度加深，亚太经济合作框架日益成熟。"太平洋经济共同体""环亚太经济圈"等概念和倡议应运而生。太平洋盆地经济理事会（PBEC）和太平洋经济合作理事会（PECC）等论坛的讨论和合作活动推动了亚太区域经济合作。1988年7月，澳大利亚、新西兰签署澳新紧密经济关系协定（ANZCERTA）。1989年11月，第一届亚太地区部长级会议举行，亚太地区12个国家的外交、经贸部长出席了会议，亚太经济合作组织（APEC）由此诞生。APEC的成立拉开了亚太经济一体化的序幕。至今，亚太经济一体化经历了三个阶段：APEC主导阶段（1989—1997年）；东盟主导阶段（1997—2008年）；亚太地区形成了跨太平洋伙伴协议（TPP）/全面与进步跨太平洋伙伴关系协定（CPT-PP）与区域全面经济伙伴关系（RCEP）两大机制并存，同时酝酿推动亚太自由贸易区（FTAAP）的局面（2008年至今）。自特朗普上台以来，美国区域经济一体化战略调整，退出TPP，转向商签高标准的、对美国"公平"的双边自由贸易协定（FTA）。日本推动剩余成员签订CPTPP，亚太经济一体化发展呈现新态势。亚太地区区情复杂，各经济体在经济发展水平、社会制度、历史文化等方面存在差异，参与亚太经济一体化立场和利益诉求不同，难以协调。此外，亚太地区受大国因素干扰，面临非传统安全挑战大，地缘政治博弈较激烈，安全利益诉求和分歧较大，亚洲共同意识和身份认同不足。在此背景下，仅从经济方面发力，单纯靠市场力量推动亚太经济一体化发展，难以达到预期效果。人类命运共同体思想是中国提出的宏伟构想和方案，为深入推进亚太经济一体化指明了方向。推进亚太经济一体化需要从经济、政治、安全、文化、生态等方面集中发力。

本书分为六章。第一章为导论，介绍研究背景及意义，国内外研究现状述评，研究思路、研究结构和研究方法，主要创新点和需要进一步研究的问题，有关研究概念的界定。第二章系统阐述构建人类命运共同体思想提出的时代背景、思想渊源、形成过程、主要内涵、路径等。第三章分析亚太经济一体化产生背景，梳理亚太经济一体化发展历程，提炼亚太经济一体化主要特征。第四章基于构建人类命运共同体思想分析实现亚太经济一体化的必要性和可行性。中国是亚太区域经济合作的重要参与方，同时是"一带一路"及"构建人类命运共同体思想"的倡导者和推动者。"一带一路"倡议是推进亚太经济一体化和构建人类命运共同体的重要平台。第五章分析亚太经济一体化主要参与方区域经济合作战略及其博弈。亚太经济一体化主要参与方的战略博弈集中表现在对亚太经济一体化主导权的争夺上，各国据此制定自身参与亚太经济一体化战略，并展开激烈博弈。第六章分析亚太经济一体化面临的发展困境，基于构建人类命运共同体思想提出推进亚太经济一体化的路径。

本书主要研究内容和结论具体如下：

第一，阐释构建人类命运共同体思想。构建人类命运共同体思想是中国基于和平与发展、合作与共赢的时代主题,顺应人类社会相互联系、相互依存程度空前加深的历史潮流,通过对人类前途命运的深入思考,提出的宏伟构想和中国方案。构建人类命运共同体思想的提出具有鲜明的时代背景,其形成大致经历了提出和发展、日臻丰富成熟、全面落实三个阶段。构建人类命运共同体需要世界各国从发展全球伙伴关系、打造安全格局、促进经济发展、加强文明交流、推进生态建设等方面做出努力。

第二,梳理亚太经济一体化发展历程。1989 年 APEC 的成立拉开了亚太经济一体化的序幕,至今亚太经济一体化走过了 30 余年的风雨历程。亚太经济一体化的产生与 20 世纪世界政治经济形势的发展以及亚太经济体的获利选择密切相关。至今,亚太经济一体化经历了三个阶段:APEC 主导阶段(1989—1997 年);东盟主导阶段(1997—2008年);亚太地区形成了 TPP/CPTPP 与 RCEP 两大机制并存,同时酝酿推动 FTAAP 的局面(2008 年至今)。亚太经济一体化发展呈现以下特征:起步晚,但发展迅速;合作呈现多层次、多形式、多领域;不同FTA 成员交叉重叠;各 FTA 所覆盖议题参差不齐。

第三,基于构建人类命运共同体思想分析了实现亚太经济一体化的必要性和可行性。经济联系是人类命运共同体的纽带,增强经济实力是建设人类命运共同体的基础。深入推进亚太经济一体化,推动该地区各经济体形成利益共同体,避免各自为政、以邻为壑的情形,有利于构建亚太命运共同体,进而实现人类命运共同体。从政治、经济、文化、安全、生态等层面看,实现亚太经济一体化具有一定的可行性。亚洲地区有崇尚和平的思想传统,有悠久的经济合作历史,文化上彼此交流互鉴，有共同应对传统安全和非传统安全的愿望，致力于推动可持续发展，为实现亚太经济一体化提供了有利条件。中国是亚太区域经济合作的重要参与方，同时是"一带一路"及"构建人类命运共同体思想"的倡导者和推动者。"一带一路"倡议是推进亚太经济一体化和构建人类命运共同体的重要平台。

第四，分析亚太经济一体化主要参与方区域经济合作战略及其博弈。亚太经济一体化主要参与方的战略博弈集中表现在对亚太经济一体化主导权的争夺上，各国据此制定自身参与亚太经济一体化战略，并展开激烈博弈。特朗普政府执政后，区域经济合作战略呈现新变化，在"美国第一"外交战略指导下，由商签多边FTA转向双边FTA，通过惩罚性关税、技术封锁等手段打压贸易伙伴国，以贸易保护主义和单边主义实现所谓的"公平贸易"，同时配合印太战略，加强与印太经济体经济合作，维护和巩固其全球霸主地位。日本主要通过商签EPA开展区域经济合作，应对国内外压力，倒逼国内改革，推动本国经济发展；积极参与国际经贸规则制定，维护自由开放的国际经贸体系，谋求亚太区域乃至全球经济合作的主导权；借助EPA推进印太战略，削弱中国在印太地区的影响力，拓展战略空间。韩国通过参与区域经济一体化拓展海外市场，确保能源供应安全，促进本国经济发展，避免被现存区域经济合作安排排外而引发不利影响，致力于成为区域经济一体化中"核心轴"国家。东盟力争在纷繁复杂的亚太经济一体化进程中找到自己的位置，发挥主导作用，并为此进行不懈努力。印度试图通过参与区域经济一体化扩大出口市场，吸引外资，保证能源供给安全。此外，把本国外交战略融入推进FTA建设中，谋求世界大国地位。澳新长期以来支持自由贸易，奉行开放型经济政策，积极推进 FTA 建设，扩大出口，促进经济发展，同时实现外交和安全利益，两国 FTA 战略重点集中在亚太地区。亚太经济一体化的推进过程伴随着主要参与方对亚太经济一体化主导权的争夺。其中，美国、东盟、日本、韩国觊觎亚太经济一体化主导权，其战略博弈影响着亚太经济一体化的走向。印度、澳大利亚、新西兰积极参与推进亚太经济一体化，避免被边缘化，在大国权力争夺中左右逢源，实现自身利益最大化。

第五，分析亚太经济一体化面临的发展困境，基于构建人类命运共同体思想提出推进亚太经济一体化的路径。亚太经济一体化发展至今面临诸多挑战，中国作为主要参与方，有责任推进亚太经济一体化深入发展，推动构建亚太利益共同体、命运共同体和责任共同体。亚太地区区情复杂，各经济体在经济发展水平、社会制度、历史文化等方面存在差异，参与亚太经济一体化立场和利益诉求不同，难以协调。此外，亚太地区受大国因素干扰，面临非传统安全挑战大，地缘政治博弈较激烈，安全利益诉求和分歧较大，亚洲共同意识和身份认同不足。在此背景下，仅从经济方面发力，单纯靠市场力量推动亚太经济一体化发展，难以达到预期效果。构建人类命运共同体思想是中国提出的宏伟构想和方案，为深入推进亚太经济一体化指明了方向。推进亚太经济一体化需要从经济、政治、安全、文化、生态等方面集中发力。

笔者在写作过程中得到北京大学孙蚌珠教授和对外经济贸易大学庄芮教授的指导和支持，以及课题组成员的全力配合，在此向他们表示衷心感谢！由于笔者水平有限，书中不妥之处，恳请读者指正。

目　录
CONTENTS

第一章

导 论

第一节 问题提出及研究意义

一、问题提出

近年来，亚太经济一体化发展趋势呈现新的变化。美国遭受全球金融危机的重创，奥巴马上台后，推出"亚太再平衡"战略，凭借跨太平洋伙伴关系协定（Trans-Pacific Partnership Agreement，简称 TPP）介入亚太经济一体化进程。自此，之前由东盟主导的东亚区域经济合作进程被打破，东盟提出区域全面经济伙伴关系协定（Regional Comprehensive Economic Partnership，简称 RCEP），以应对 TPP 的冲击。继之，在中国的倡导下，亚太各方于 2014 年亚太经济合作组织（APEC）北京领导人非正式会议决定对亚太自由贸易区（Free Trade Area of the Asia-Pacific，简称 FTAAP）进行联合战略研究，并一致同意尽快启动 FTAAP 进程。亚太地区形成了 TPP 与 RCEP 两大机制并存，同时酝酿推动 FTAAP 的局面。2017 年初特朗普上台后，宣布退出 TPP，转向商签高标准的、对美国"公平"的双边 FTA。在日本推动下，剩余 11 个原 TPP 成员将 TPP 改名为全面与进步跨太平洋伙伴关系协定（Comprehensive and Progressive Agreement for Trans‐Pacific Partnership，简称 CPTPP），谈判各方经过近四个月谈判最终签订 CPTPP。与此同时，美国声称，若能敲定一个比之前更好的协议，有可能重返 TPP。因此亚太经济一体化走向充满不确定性，如何推进亚太经济一体化备受关注。

人类只有一个地球，各国共处一个世界。党的十八大报告明确提出"要倡导人类命运共同体意识，在追求本国利益时兼顾他国合理关切，在谋求本国发展中促进各国共同发展，建立更加平等均衡的新型全球发展伙伴关系，同舟共济，权责共担，增进人类共同利益"。习近平出席博鳌亚洲论坛 2015 年年会时提出了"通过迈向亚洲命运共同体，推动建设人类命运共同体"的倡议。2015 年 9 月，习近平在纽约联合国总部出席第 70 届联合国大会一般性辩论并发表重要讲话指出："当今世界，各国相互依存、休戚与共。我们要继承和弘扬《联合国宪章》的宗旨和原则，构建以合作共赢为核心的新型国际关系，打造人类命运共同体。"构建人类命运共同体思想是一个科学完整、内涵丰富、意义深远的思想体系。"建设持久和平、普遍安全、共同繁荣、开放包容、清洁美丽的世界"是这一思想的核心。构建人类命运共同体思想是马克思主义中国化的重要理论成果，丰富了中国特色社会主义理论体系内容，是习近平新时代中国特色社会主义思想的重要组成部分，是中国国际关系理论和中国外交理论的创新。

亚太经济一体化发展至今面临诸多挑战，中国作为主要参与方，有责任推进亚太经济一体化深入发展，推动构建亚太利益共同体、命运共同体和责任共同体。

亚太地区区情复杂，各经济体在经济发展水平、社会制度、历史文化等方面存在差异，参与亚太经济一体化立场和利益诉求不同，难以协调。此外，亚太地区受大国因素干扰，面临非传统安全挑战大，地缘政治博弈较激烈，安全利益诉求和分歧较大，亚洲共同意识和身份认同不足。在此背景下，仅从经济方面发力，单纯靠市场力量推动亚太经济一体化发展，难以达到预期效果。基于人类命运共同体视角研究亚太经济一体化问题，从经济、政治、安全、文化、生态等层面提出亚太经济一体化推进路径的必要性凸显。

二、研究意义

（一）理论意义

第一，丰富构建人类命运共同体思想和亚太经济一体化研究内容，夯实亚太经济一体化研究的理论基础。近年来，逆全球化升温，贸易保护主义抬头，亚太经济一体化呈现新的发展态势。本书深入分析当前亚太经济一体化面临的发展困境，基于构建人类命运共同体思想，从经济、政治、安全、文化、生态等层面提出亚太经济一体化推进路径，将进一步丰富构建人类命运共同体思想和亚太经济一体化研究内容。构建人类命运共同体思想是马克思主义中国化的重要理论成果，丰富了中国特色社会主义理论体系内容，是习近平新时代中国特色社会主义思想的重要组成部分，是中国国际关系理论和中国外交理论的创新，为研究亚太经济一体化问题提供了理论支撑，在一定程度上提升对该问题研究的科学性和阐释力，夯实亚太经济一体化研究理论基础。

第二，进一步为中国扩大和深化对外开放提供坚实理论基础。参与亚太经济一体化建设是中国扩大和深化对外开放的重要举措之一。中国与亚太经济体商签自由贸易协定，建设自由贸易区，有利于拓展对外开放的深度和广度，提升开放型经济水平。基于构建人类命运共同体思想研究亚太经济一体化问题，能够进一步为中国扩大和深化对外开放提供坚实理论基础，为相关部门推进亚太经济一体化，扩大和深化对外开放，提供政策参考依据。

（二）实践意义

第一，有利于中国准确把握亚太经济一体化发展方向，积极推进亚太经济一体化建设。近些年，亚太经济一体化呈现新变化。美国退出 TPP 后，转向商签高标准的、对美国"公平"的双边 FTA，日本牵头签订 CPTPP，RCEP 最终生效尚待时日，FTAAP 未取得实质性进展。中国长期以来一直致力于推进亚太经济一体化，基于构建人类命运共同体视角研究亚太经济一体化有利于中国更好把握国际和亚太地区经济合作环境，找准推进亚太经济一体化的努力方向。

第二，有利于中国推进和实施自由贸易区战略。党的十九大报告指出，中国支持多边贸易体制，促进自由贸易区建设，推动建设开放型世界经济。亚太地区是中国推进和实施自由贸易区战略的重点地区，中国已签署的 19 个自由贸易协定中，有 13 个在亚太地区。从未来推进方向看，亚太也是中国推进 FTA 谈判的重点区域。鉴于此，基于构建人类命运共同体视角研究亚太经济一体化助力中国在新时期更好地选择深层次参与亚太经济一体化建设，推进实施自贸区战略，逐步建成辐射全球的高标准的自由贸易区网络。

第三，为相关部门和企业提供政策制定依据，为教研人员提供参考资料。本书可为政府相关部门推进亚太经济一体化提供理论依据和实践参照；为中国企业"走出去"，开展亚太地区经贸往来，提供实践指导；为高校和科研机构从事构建人类命运共同体思想和亚太经济一体化研究人士提供教研参考资料。

第二节　国内外研究现状述评

一、国内外研究现状

（一）构建人类命运共同体思想研究

自构建人类命运共同体思想提出以来，学者们对其给予了广泛关注，研究内容主要包括形成条件、形成发展过程、思想内涵、时代意义、实现路径等方面。

1. 提出背景

学者们阐述了构建人类命运共同体形成的思想基础、时代背景、现实依据等。综合张战（2019）①、王公龙等（2019）②、王帆、凌胜利

---

① 张战. 构建人类命运共同体思想研究 ［M］. 北京：时事出版社，2019：35-58.

② 王公龙等. 构建人类命运共同体思想研究 ［M］. 北京：人民出版社，2019：1-31.

（2017）①、江时学（2018）②、石云霞（2016）③ 多位学者观点，构建人类命运共同体思想形成的思想基础包括：西方人类共同体思想（平等思想、法治思想、人本思想、观念/精神、世界治理思想），中国传统文化（天下大同与协和万邦），马克思主义关于"人类共同体"理论，党的历代领导人的国际战略思想（毛泽东的"三个世界"国际战略和永远不称霸的重要思想、邓小平的建立国际政治经济新秩序思想、江泽民的共同发展思想以及胡锦涛的建设和谐世界思想等）；构建人类命运共同体思想形成的时代背景包括：和平与发展为时代主题（张战，2019④），世界处于大发展大变革大调整时期（张战，2019⑤；王公龙等，2019⑥），全球化挑战日益突显（张战，2019⑦；王公龙等，2019⑧；陈积敏，2018⑨），实现社会主义现代化和中华民族伟大复兴（李海龙，2014⑩；Peter Ferdinand，2016⑪；王公龙，2019⑫）；构建人类命运共同

---

① 王帆，凌胜利. 人类命运共同体：全球治理的中国方案［M］. 长沙：湖南人民出版社，2017：2-15.
② 江时学. 人类命运共同体研究［M］. 北京：世界知识出版社，2018：58-63.
③ 石云霞. 习近平人类命运共同体思想研究［J］. 学校党建与思想政治教育，2016（5）：4-6.
④ 张战. 构建人类命运共同体思想研究［M］. 北京：时事出版社，2019：63-71.
⑤ 张战. 构建人类命运共同体思想研究［M］. 北京：时事出版社，2019：71-78.
⑥ 王公龙等. 构建人类命运共同体思想研究［M］. 北京：人民出版社，2019：48-58.
⑦ 张战. 构建人类命运共同体思想研究［M］. 北京：时事出版社，2019：78-86.
⑧ 王公龙等. 构建人类命运共同体思想研究［M］. 北京：人民出版社，2019：48-58.
⑨ 陈积敏. 构建人类命运共同体思想论析［J］. 和平与发展，2018（4）：1-9.
⑩ 李海龙. 论"命运共同体"理念及其中国实践［J］. 长江师范学院学报，2014（5）：101.
⑪ FERDINAND P. Westward Ho-the China Dream and "One Belt, One Road"：Chinese Foreign Policy under Xi Jinping［J］. International Affairs，2016，92（4）：941-957.
⑫ 王公龙等. 构建人类命运共同体思想研究［M］. 北京：人民出版社，2019：48-58.

体思想形成的现实依据为中国外交实践（陈向阳，2016①；石云霞，2016②；王帆、凌胜利，2017③）。

2. 形成发展过程

人类命运共同体思想的形成发展具有渐进性和阶段性，学者们基于不同角度对其形成发展进行了阶段划分，尚未达成共识。张战（2019）认为，这一思想大致经历了提出和成型阶段（2012 年 11 月党的十八大提出"人类命运共同体"到 2015 年 9 月习近平总书记在第 70 届联合国大会一般性辩论发表讲话时提出"打造人类命运共同体总方略"）、扩展和深化阶段（2015 年 11 月习近平总书记出席气候变化大会到 2016 年 12 月出席秘鲁 APEC 峰会）、成熟和落实阶段（2017 年习近平总书记在联合国日内瓦总部发表《共同构建人类命运共同体》主旨演讲，标志着人类命运共同体思想进入完全成熟阶段，联合国文件载入这一思想，成为国际共识，标志其进入全面落实阶段）。④ 陈鑫（2018）认为，这一思想经历了萌芽期（党的十八大之前）、确立（"人类命运共同体思想"被写入党的十八大报告标志着这一思想确立）、发展完善阶段（党的十八大到党的十九大之前）、成熟（党的十九大报告将这一思想阐述为习近平新时代中国特色社会主义思想重要组成部分，是党在新时期必须长期坚持的基本方略，标志着这一思想的成熟）。⑤ 陈须隆

---

① 陈向阳. 以"人类命运共同体"引领世界秩序重塑 ［J］. 当代世界，2016（5）：19.

② 石云霞. 习近平人类命运共同体思想研究 ［J］. 学校党建与思想政治教育，2016（5）：4-6.

③ 王帆，凌胜利. 人类命运共同体：全球治理的中国方案 ［M］. 长沙：湖南人民出版社，2017：2-15.

④ 张战. 构建人类命运共同体思想研究 ［M］. 北京：时事出版社，2019：89-105.

⑤ 陈鑫. 习近平"人类命运共同体思想"研究述评 ［J］. 贵州省党校学报，2018（1）：9.

（2016）认为，党的十八大之前是这一思想的萌芽期，党的十八大之后这一思想不断丰富发展，并形成三次飞跃。①

3. 思想内涵

学者们对于构建人类命运共同体思想内涵的认识日趋全面、不断完善，主要包括：两要素说，人类命运共同体是精神上共同体和实践中合作共同体的统一（葛红亮等，2014②）；三要素说，人类命运共同体包含利益共同体、价值共同体、责任共同体三个要素（张永红等，2017③；胡鞍钢等，2018④）；四要素说，学者们对此看法不一，"国际权力观、共同利益观、可持续发展观、全球治理观"（曲星，2013⑤）、"新型的权力观、义利观、文明观和交往观"（李爱敏，2016⑥）、"利益共同体、价值共同体、责任共同体以及命运共同体"（谢文娟，2016⑦）；五要素说，学者们对此同样看法不一，"和平权力观、共同利益观、全球治理观、国际责任观和文明互鉴观"（王公龙等，

---

① 陈须隆. 人类命运共同体理论在习近平外交思想中的地位和意义 [J]. 当代世界，2016（7）：8-11.

② 葛红亮等. "中国—东盟命运共同体"构想下南海问题的前景展望 [J]. 东北亚论坛，2014（4）：27.

③ 张永红等. "人类命运共同体"理念的生成、价值与实现 [J]. 思想理论教育，2017（8）：31.

④ 胡鞍钢等. 习近平构建人类命运同体思想与中国方案 [J]. 新疆师范大学学报（哲学社会科学版），2018（5）：11.

⑤ 曲星. 人类命运共同体的价值观基础 [J]. 求是，2013（4）：53.

⑥ 李爱敏. "人类命运共同体"：理论本质、基本内涵与中国特色 [J]. 中共福建省委党校学报，2016（2）：99.

⑦ 谢文娟. "人类命运共同体"的历史基础和现实境遇 [J]. 河南师范大学学报，2016（5）：41.

2016①）、"政治、安全、经济、文化、生态文明"（刘振民，2014②；石云霞，2016③；石善涛，2017④）。

4. 时代意义

构建人类命运共同体的时代意义包括理论意义和现实意义两个方面。就理论意义而言，丰富和深化了马克思主义理论内容，包括发展了马克思主义共同体思想（董立人，2016⑤；洪波，2018⑥），发展了科学社会主义理论（陈锡喜，2017⑦；张战，2019⑧）；丰富了中国特色社会主义理论体系内容（田旭明，2016⑨），是中国国际关系理论和中国外交理论的创新（王易，2018⑩；张战，2019⑪）。就现实意义而言，为中国特色大国外交实践指明了方向（赵可金，2017⑫；任晶晶，2017⑬；张战，

---

① 王公龙等. 人类命运共同体思想对马克思共同体思想的创新与重构 [J]. 上海行政学院学报，2016（3）：99.
② 刘振民. 坚持合作共赢 携手打造亚洲命运共同体 [J]. 国际问题研究，2014（2）：7-10.
③ 石云霞. 习近平人类命运共同体思想科学体系研究 [J]. 中国特色社会主义研究，2018（2）：20.
④ 石善涛. 携手共建人类命运共同体 [J]. 当代中国史研究，2017（6）：28-29.
⑤ 董立人. 习近平"人类命运共同体"思想研究 [J]. 学习论坛，2016（3）：9-10.
⑥ 洪波. 人类命运共同体与马克思共同体思想：契合、传承与创新 [J]. 教学与研究，2018（10）：86.
⑦ 陈锡喜. "人类命运共同体"视域下中国道路世界意义的再审视 [J]. 毛泽东邓小平理论研究，2017（2）：89.
⑧ 张战. 构建人类命运共同体思想研究 [M]. 北京：时事出版社，2019：252-256.
⑨ 田旭明. 习近平共同体思想及其当代价值意蕴 [J]. 学术论坛，2016（1）：15.
⑩ 王易. 全球治理的中国方案：构建人类命运共同体 [J]. 思想理论教育，2018（1）：25-26.
⑪ 张战. 构建人类命运共同体思想研究 [M]. 北京：时事出版社，2019：248-252.
⑫ 赵可金. 人类命运共同体与中国外交新方向 [J]. 人民论坛，2017（12）：41-43.
⑬ 任晶晶. 构建人类命运共同体与当代中国外交的创新性发展 [J]. 中国特色社会主义研究，2017（6）：54.

2019①），为实现中国梦提供新动力（张希中，2016②；阮宗泽，2016③；张战，2019④），推动建立国际政治经济新秩序（饶世权、林伯海，2016⑤；Vilica，2017⑥；Malcolm Warner，2017⑦；张战，2019⑧），为人类社会未来发展指明了方向，贡献了中国方案（董立人，2016⑨；韩庆祥，2017⑩）。

5. 实现路径

学者们从理念推广层面、构建原则层面、具体步骤等维度提出了构建人类命运共同的路径。就理念推广层面而言，要大力倡导构建人类命运共同体思想，让各国更好地理解和接受这一思想（肖群忠、杨帆，2018⑪）。就构建原则而言，郭海龙、汪希（2016）提出分步实现、平等互助、尊重差异、绿色发展、兼容并蓄等原则。⑫ 张战（2019）提

---

① 张战. 构建人类命运共同体思想研究 [M]. 北京：时事出版社，2019：256.
② 张希中. 习近平命运共同体思想的形成维度、内涵及价值意蕴探析 [J]. 行政与法，2016（2）：5.
③ 阮宗泽. 人类命运共同体：中国的"世界梦"[J]. 国际问题研究，2016（1）：13.
④ 张战. 构建人类命运共同体思想研究 [M]. 北京：时事出版社，2019：257.
⑤ 饶世权，林伯海. 习近平的人类命运共同体思想及其时代价值 [J]. 学校党建与思想教育，2016（7）：18.
⑥ VILACA G V. China and Global Governance："One Belt One Road"，New Development Bank and the Concept of Market State [J]. Culture-History-Globalization，2017（22）：241-258.
⑦ WARNER M. On Globalization "with Chinese Characteristics"？[J]. Asia Pacific Business Review，2017（23）：309-316.
⑧ 张战. 构建人类命运共同体思想研究 [M]. 北京：时事出版社，2019：258.
⑨ 董立人. 习近平"人类命运共同体"思想研究 [J]. 学习论坛，2016（3）：9-10.
⑩ 韩庆祥. 为解决人类发展问题贡献"中国理论"[J]. 东岳论丛，2017（11）：10.
⑪ 肖群忠，杨帆. 文明自信与中国智慧——构建人类命运共同体思想的实质、意义与途径 [J]. 中国特色社会主义研究，2018（2）：31.
⑫ 郭海龙，汪希. 习近平人类命运共同体思想的生成、价值和实现 [J]. 邓小平研究，2016（3）：44-46.

出，坚持主权平等、对话协商原则，坚持合作共赢原则，坚持共建共享原则，坚持交流互鉴原则，坚持绿色低碳原则，坚持法治原则，坚持多边主义原则。① 郝立新（2017）提出，坚持协商对话、共建共享、合作共赢、交流互鉴、绿色低碳等基本原则和价值目标。② 就具体步骤而言，王义桅（2017）提出，人类命运共同体发展要经过三个阶段，即寓命于运阶段、寓运于命阶段、寓异于同阶段，突出命运共同体发展由独立性到关联性再到多样性的特征。③ 张战（2019）提出构建"中华民族命运共同体"、构建同周边国家命运共同体、构建"亚洲命运共同体"、构建同发展中国家命运共同体、构建同发达国家命运共同体、构建人类命运共同体六步。④

（二）亚太经济一体化研究

亚太经济体主要通过相互间商签 FTA 的形式参与亚太经济一体化建设，研究主要涉及相关合作机制。

1. APEC 相关研究

APEC 学者们对 APEC 的研究主要集中在 APEC 发展历程、存在问题、未来发展展望等方面，国内学者主要有刘晨阳、宫占奎、于晓燕等，国外学者有 Lee、Hu 等。

2. "东盟+N"机制相关研究

东盟通过该机制搞"大国平衡"战略，扮演"斡旋者"的角色，

---

① 张战. 构建人类命运共同体思想研究［M］. 北京：时事出版社，2019：169-177.
② 郝立新. 构建人类命运共同体——全球治理的中国方案［J］. 马克思主义与现实，2017（6）：1.
③ 王义桅. 弘扬《联合国宪章》宗旨、告别虚伪的"普世价值"，追求人类共同价值观——"人类命运共同体"新理念三解［N］. 北京日报，2017-02-06（14）.
④ 张战. 构建人类命运共同体思想研究［M］. 北京：时事出版社，2019：178-185.

在大国之间左右逢源。中国在选择竞争性方案的合作伙伴时更倾向通过以东盟为主导，以"10+3"为载体来推动东亚地区各种既有合作机制，最终实现"东亚共同体"（盛斌，2010①）。Eric Teo Chu Cheow（2005）②提出了亚太地区"10+4"（东盟、中国、日本、韩国、印度）框架下的三种经济合作模式，认为东亚经济合作多是功能性合作，而非制度性合作；Masahiro Kawai、Ganeshan Wignaraja（2007）③ 采用可计算一般均衡模型（CGE）测算了三个"10+1"FTA（东盟分别与中、韩、日FTA）以及"10+3"FTA、"10+6"FTA 的经济效应，得出"10+6"可以给东亚地区带来最大收益，同时给区域外国家造成最小损失。

3. 跨太平洋伙伴关系协定（TPP）和全面与进步跨太平洋经济伙伴协定（CPTPP）相关研究

学者们对美国力推 TPP 动因、TPP 谈判问题、TPP 影响、TPP 协议文本、美国退出 TPP 的动因及影响等问题进行了深入研究，国内学者有全毅、陈淑梅、赵晋平、刘中伟、彭支伟等，国外学者有 Peter A. Petri、Michael G. Plummer、Jeffrey J. Schott 等。Sang Chul Park（2017）④ 分析了美国退出 TPP 对东亚地区经济合作的影响，并对东亚

---

① 盛斌. 亚太区域经济合作走向何方［M］//张蕴岭，沈铭辉. 东亚、亚太区域合作模式与利益博弈. 北京：经济管理出版社，2010：334.

② CHEOW E T C. Strategic Relevance of Asian Economic Integrtaion［J］. Economic and Political Weekly，2005（9）：3960–3967.

③ KAWAI OEAN M，WIGNARAJAG. ASEAN+3 or ASEAN+6：Which Way Forward? ［R］. Geneva，Switzerland：ADBI Discussion Paper，2007：77.

④ PARK S. C. RCEP versus TPP with the Trump Adiminidtration in the USA and Implications for East Asian Economic Cooperation ［J］. Entrepreneurial Business and Economic Review，2017，5（4）：135.

地区经济合作进行了展望。张田园（2017）① 分析了美国退出 TPP 原因，及其对亚太地区经济合作和一体化进程产生重大影响，并提出中国应对之策。

在美国退出 TPP 之后，在日本推动下，剩余 11 个成员签订了 CPT-PP。学者们对 CPTPP 的研究内容涉及 CPTPP 建立动因（王孝松、武皖，2018②；曹广伟，2018③）、特点（樊莹，2018④；袁波，2018⑤）、影响（樊莹，袁波，曹广伟，王孝松等，杨立强、余稳策，2018⑥；白洁、苏庆义，2019⑦）、协定文本（张茜，2018⑧；张生，2018⑨）、经济效应（赵灵翡、郎丽华，2018⑩；张珺、展金永，2018⑪；杨立强等；王孝松；武皖）等方面。

---

① 张田园 . 美国退出 TPP 对亚太经济合作与一体化的影响 [J]. 国际研究参考，2017（6）：10.

② 王孝松，武皖 . CPTPP 建立的影响及中国的应对策略探究 [J]. 区域与全球发展，2018（3）：46-71.

③ 曹广伟 . 亚太经济一体化视域下 CPTPP 的生成机理及其后续影响 [J]. 商业研究，2018（12）：90-96.

④ 樊莹 . CPTPP 的特点、影响及中国的应对之策 [J]. 当代世界，2018（9）：8-12.

⑤ 袁波 . CPTPP 的主要特点、影响及对策建议 [J]. 国际经济合作，2018（12）：20-23.

⑥ 杨立强，余稳策 . 从 TPP 到 CPTPP：参与各方谈判动机与贸易利得变化分析 [J]. 亚太经济，2018（5）：57-64.

⑦ 白洁，苏庆义 . CPTPP 的规则、影响及中国对策：基于和 TPP 的对比的分析 [J]. 国际经济评论，2019（1）：59-76.

⑧ 张茜 . CPTPP 争端解决机制比较研究——以 WTO 争端解决机制改革为视角 [J]. 大连海事大学学报（社会科学版），2018（6）：16-24.

⑨ 张生，CPTPP 投资争端解决机制的演进与中国的对策 [J]. 国际经贸探索，2018（12）：95-106.

⑩ 赵灵翡，郎丽华 . 从 TPP 到 CPTPP：我国制造业国际化发展模拟研究——基于 GTAP 模型的分析 [J]. 国际商务——对外经济贸易大学学报，2018（5）：61-72.

⑪ 张珺，展金永 . CPTPP 和 RCEP 对亚太主要经济体的经济效应差异研究——基于 GTAP 模型的比较分析 [J]. 亚太经济，2018（3）：12-20.

4. 区域全面经济伙伴关系协定（RCEP）相关研究

学者们对 RCEP 的研究集中在东盟与 RCEP、RCEP 经济效应、RCEP 谈判及面临的挑战等问题。东盟为稀释 TPP 对其主导的东亚区域经济合作的冲击而提出 RCEP（王玉主，2015①；王金强，2013②；张建平 2014③；郑学党、庄芮，2014④；Yoshifumi Fukunaga、Ikumo Isono，2013⑤）；美国退出 TPP 增加了 RCEP 谈判的不确定性，贸易保护主义和民粹主义兴起为 RCEP 谈判增添压力（庄芮、林佳欣，2018⑥）。RCEP 参与方态度以及五个"10+1"FTA 整合的技术难点决定着谈判能否如期完成（张彬、张菲，2016⑦；刘均胜，2017⑧）；陈淑梅，赵亮（2014）⑨，Inkyo Cheong、Jose Tongzon（2013）⑩，史本叶、王玉莹

① 王玉主 . RCEP 倡议与东盟"中心地位"[J]. 国际问题研究，2015（3）：46.
② 王金强 . TPP 对 RCEP：亚太地区合作背后的政治博弈 [J]. 亚太经济，2013（3）：16.
③ 张建平 . 中国推进"区域全面经济伙伴关系"的战略考量 [J]. 亚太经济，2014（2）：134.
④ 郑学党，庄芮 . RCEP 的动因、内容、挑战及中国对策 [J]. 东南亚研究，2014（1）：34.
⑤ FUKUNAGA Y，ISONO I. Taking ASEAN+1 FTAs towards the RCEP：A Mapping Study [R]. ERIA Discussion Paper Series，2013（2）.
⑥ 庄芮，林佳欣 . RCEP：进展、挑战与前景 [J]. 东南亚研究，2018（4）：87-102.
⑦ 张彬，张菲 . RCEP 的进展、障碍及中国的策略选择 [J]. 南开学报（哲学社会科学版），2016（6）：122-130.
⑧ 刘均胜 . RCEP 谈判进程及挑战：从区域视角的评估 [J]. 国际经济合作，2017（8）：37-44.
⑨ 陈淑梅，赵亮 . 广域一体化视角下东亚区域合作为何选择 RCEP 而非 TPP？[J]. 东北亚论坛，2014（2）：50-58.
⑩ CHEONG I，TONGZON J. Comparing the Economic Impact of the Trans - Pacific Partnership and the Regional Comprehensive Economic Partnership [J]. Asian Economic Paper，2013（12）：2.

（2016）① 运用一般均衡模型测算了 RCEP 可能产生的经济影响。截至 2019 年年底，15 个 RCEP 成员国已经结束全部 20 个章节的文本谈判以及实质上所有的市场准入问题的谈判。沈铭辉、李天国（2020）认为，无论印度是否及时回归，RCEP 都有望顺利达成；RCEP 生效后，可能开启新一阶段谈判进程，对边界内规则等贸易新规则继续进行探索；无论外部环境如何变化，RCEP 成员经济体对区域经济一体化的立场不会改变，仍然坚定不移地支持和推动亚洲区域贸易投资自由化便利化。② 佟家栋（2020）认为，RCEP 是对中国而言最好的、最容易实现的机制化区域经济一体化模式。RCEP 将成为各国建立一个没有美国参加的国际贸易投资新秩序的新探索和新战略。③

5. 中日韩 FTA 相关研究

学者们对中日韩 FTA 的研究涉及中日韩 FTA 的经济效应（胡俊芳，2007④；沈铭辉，2011⑤；敖丽红等，2013⑥；赵亮、陈淑梅，2015⑦；

① 史本叶，王玉莹. RCEP 与 TPP 经济效应的比较研究——基于 GTAP 模型的实证分析 [J]. 经济视角，2016（6）：92-99.
② 沈铭辉，李天国. 区域全面经济伙伴关系：进展、影响及展望 [J]. 东北亚论坛，2020（3）：113.
③ 佟家栋. 亚太地区经济合作一体化模式探讨 [J]. 亚太经济，2020（2）：35.
④ 胡俊芳. 中日韩自由贸易区贸易效果的实证分析 [M]. 上海：复旦大学出版社，2007.
⑤ 沈铭辉. 中日韩自由贸易区的经济学分析 [J]. 国际经济合作，2011（3）：39-40.
⑥ 敖丽红，赵儒煜. 关于中日韩自贸区建设的理论与实证分析 [J]. 东北亚论坛，2013（4）：73-75.
⑦ 赵亮，陈淑梅. 经济增长的"自贸区驱动"——中韩自贸区、中日韩自贸区与 RCEP 的比较研究 [J]. 经济评论，2015（1）：92-101.

钱进、王庭东，2017①）、谈判存在的障碍（沈铭辉，2011②；宫占奎，2011③；于洋等，2018④；李天国，2018⑤；金香丹等，2019⑥）、推进谈判的方式（王金波，2012⑦；崔日明、包艳，2007⑧；金香丹等，2019）等。中日韩作为东亚三大重要经济体，对本地区及全球经济增长和繁荣稳定发挥重要影响。截至 2019 年年底，三国已经举行 16 轮谈判。三国将按照三国领导人达成的共识，加快谈判进程。

6. 亚太自由贸易区（FTAAP）相关研究

APEC 北京领导人非正式会议重新将 FTAAP 提上议程，决定对 FTAAP 进行联合战略研究。学者们对 FTAAP 的研究升温，研究内容涉及 FTAAP 的推进方式及面临的挑战、FTAAP 构建路径、FTAAP 的经济影响等。FTAAP 能够带动中国和区域内多数经济体贸易额、GDP、社会福利等的增加（宋鹏等，2017⑨），其经济效应大于 RCEP 和 TPP（郑昭阳、孟猛，2017⑩）。2010 年 APEC 领导人非正式会议明确提出将

① 钱进，王庭东．中日韩自贸区对区域宏观经济及产业产出的影响评估——基于 GTAP 模型的模拟分析［J］．现代日本经济，2017（3）：1-12.
② 沈铭辉．中日韩自由贸易区的经济学分析［J］．国际经济合作，2011（3）：38.
③ 宫占奎．中日韩自由贸易区发展进程分析［J］．创新，2011（6）：48.
④ 于洋，于国政．中日韩自贸区建设探析［J］．东北亚经济研究，2018（2）：46-55.
⑤ 李天国．后 TPP 时代中日韩 FTA 的机遇与挑战［J］．东北亚学刊，2018（2）：48-54.
⑥ 金香丹等．特朗普政府贸易保护主义政策冲击：中日韩 FTA 谈判的机遇与挑战［J］．东北亚论坛，2019（5）：97-100.
⑦ 王金波．中日韩自贸区：三年内难修"正果"［J］．经济，2012（2）：79-80.
⑧ 崔日明，包艳．建立中日韩自由贸易区的路径选择［J］．亚非纵横，2007（2）：57-62.
⑨ 宋鹏等．亚太自由贸易区的经济与环境效应及中国的策略选择［J］．国际贸易问题，2017（9）：59-70.
⑩ 郑昭阳，孟猛．亚太自由贸易区的经济效应分析［J］．国际经济合作，2017（7）：28-33.

TPP 和 RCEP 作为实现 FTAAP 的两种可能路径。实现 FTAAP 有 TPP 扩员、RCEP 扩员以及建立涵盖 TPP 和 RCEP 的 FTAAP 三种途径，第三种模式得到部分学者的赞成（盛斌、果婷，2014①；唐国强、王震宇，2015②；Peter A. Petri and Ali Abdul-Raheem，2014③）。Jeffrey J. Schott（2010）④ 认为，中国加入 TPP，则 TPP 是实现 FTAAP 的路径。沈铭辉（2016）提出以 TPP 为模板设计的构建 FTAAP 的高水平方案、以 RCEP 为模板设计的构建 FTAAP 的低水平方案、介于 TPP 和 RCEP 开放水平之间的构建 FTAAP 的中等水平方案。⑤ FTAAP 建设考验的是亚太经济体的政治智慧和勇气（沈铭辉，2011⑥），中美两国态度至关重要（关秀丽，2017⑦）。

7. 亚太经济一体化实现路径相关研究

亚太经济一体化最终发展路径可能是亚太地区 FTA 经过整合建成 FTAAP（宫占奎，2013⑧；盛斌、果婷，2014⑨）或另一新的 FTA（宫

---

① 盛斌，果婷. 亚太区域经济一体化博弈与中国的策略选择［J］. 世界经济与政治，2014（10）：4-21.
② 唐国强，王震宇. 亚太自由贸易区：路线图与优先任务［J］. 国际问题研究，2015（1）：86.
③ PETRI P A, ABDUL-RAHEEM A. Can RCEP and the TPP be pathway to FTAAP? ［R］. The Pacific Economic Cooperation Council，2014.
④ SCHOTT J. Getting to the FTAAP via the TPP Turnpike ［R］. PIIE，2010.
⑤ 沈铭辉. 构建亚太自贸区的路径分析［M］//国家开发银行研究院，中国社科院国际研究学部. 亚太自贸区：战略与路径. 北京：经济管理出版社，2016：159.
⑥ 沈铭辉. 中日韩自由贸易区的经济学分析［J］. 国际经济合作，2011（3）：38.
⑦ 关秀丽. 亚太自贸区构建进程的回顾与展望［J］. 宏观经济管理，2017（1）：90.
⑧ 宫占奎. 亚太地区 FTA 整合问题研究［J］. 南开学报（哲学社会科学版），2013（4）：56-63.
⑨ 盛斌，果婷. 亚太区域经济一体化博弈与中国的策略选择［J］. 世界经济与政治，2014（10）：4-21.

占奎，2013）。受逆全球化冲击，RCEP、TPP、FTAAP 均面临挑战，亚太经济一体化充满变数（于潇、孙悦，2017①；张蕴岭，2017②；廉晓梅、许涛，2017③）。美国退出 TPP 后，TPP 作为实现 FTAAP 的一条可行路径被阻断。Jeffery J. Schott、陆之瑶（2017）认为，若 RCEP 谈判参与方不提高该协定的标准，那么 RCEP 并不能成为实现 FTAAP 的可行道路。④ 刘翔峰（2018）⑤、张天桂（2018）⑥ 提出，通过"一带一路"建设，促进亚太区域经济合作，推进亚太经济一体化。

二、简要评述

综观国内外研究成果，学术界对后 TPP 时代的亚太经济一体化给予了一定关注，但尚未对此进行系统、深入研究；现有研究成果更多聚焦经济层面，提出亚太经济一体化推进路径；构建人类命运共同体思想是马克思主义中国化的重要理论成果，丰富了中国特色社会主义理论体系内容，是习近平新时代中国特色社会主义思想的重要组成部分，是中国国际关系理论和中国外交理论的创新，为推进亚太经济一体化指明了方向。基于构建人类命运共同体思想研究亚太经济一体化问题，从经济、政治、安全、文化、生态合作等多维度阐释该问题的研究成果不

---

① 于潇，孙悦. 逆全球化对亚太经济一体化的冲击与中国方案 [J]. 南开学报（哲学社会科学版），2017（6）：94.
② 张蕴岭. 亚太经济一体化进程与前景 [J]. 国际经济合作，2017（7）：6-9.
③ 廉晓梅，许涛. "逆全球化"与东亚区域经济合作的发展前景 [J]. 2017（5）：73.
④ 肖特，陆之瑶. TPP 之后的亚太区域主义 [J]. 新金融评论，2017（3）：156.
⑤ 刘翔峰. "一带一路"倡议下的亚太区域经济合作 [J]. 亚太经济，2018（2）：8.
⑥ 张天桂. 亚太经济一体化的现实路径与推进策略——共建"一带一路"视角 [J]. 国际展望，2018（6）：120.

足。本书将针对这些问题开展研究探索。

第三节　研究思路、研究结构和研究方法

一、研究思路

本书基于构建人类命运共同体思想，结合马克思主义理论、习近平新时代中国特色社会主义思想，运用马克思主义政治经济学、世界经济学以及国际关系学等交叉学科研究方法系统研究亚太经济一体化问题，梳理亚太经济一体化发展历程，阐释实现亚太经济一体化的可行性和必要性，分析亚太经济一体化主要参与方国际区域经济合作战略博弈，分析亚太经济一体化面临的发展困境，提出推进亚太经济一体化的方案。

二、研究结构

全书包括导论（第一章）和正文，正文共五章，可分为两部分：第二、三、四章为第一部分，阐述构建人类命运共同体思想，梳理亚太经济一体化发展历程，基于构建人类命运共同体思想分析亚太经济一体化必要性和可行性，阐释"一带一路"是推进亚太经济一体化和构建人类命运共同体的重要平台；第五、六章为第二部分，分析亚太经济一体化主要参与方战略博弈，阐述亚太经济一体化面临的发展困境，基于构建人类命运共同体思想提出亚太经济一体化推进路径。

本书各章主要内容如下：

第一章：导论。介绍研究背景及意义，国内外研究现状述评，研究思路、研究结构和研究方法，主要创新点和需要进一步研究的问题，有关研究概念的界定。

第二章：构建人类命运共同体思想概述。本章系统阐述构建人类命运共同体思想的提出背景、思想渊源、形成过程、主要内涵，以及构建人类命运共同体的实现路径等。

第三章：亚太经济一体化产生背景、发展历程和主要特征。本章系统分析亚太经济一体化的产生背景，梳理亚太经济一体化的发展历程，阐述亚太经济一体化的主要特征。

第四章：构建人类命运共同体思想与亚太经济一体化。本章基于构建人类命运共同体思想分析了实现亚太经济一体化的必要性和可行性。中国是亚太区域经济合作的重要参与方，同时是"一带一路"及"人类命运共同体思想"的倡导者和推动者。"一带一路"倡议是推进亚太经济一体化和构建人类命运共同体的重要平台。本章对此也进行了详细阐释。

第五章：亚太经济一体化主要参与方战略博弈。亚太经济一体化主要参与方的战略博弈集中表现在对亚太经济一体化主导权的争夺上，各国据此制定了本国的参与亚太经济一体化战略，并展开激烈博弈。本章对此进行了深入分析。

第六章：人类命运共同体视角下亚太经济一体化推进路径。人类命运共同体思想是中国提出的宏伟构想和方案，为深入推进亚太经济一体化指明了方向。本章分析了亚太经济一体化发展面临的困境，基于构建人类命运共同体思想从经济、政治、安全、文化、生态合作等维度提出亚太经济一体化推进路径。

三、研究方法

本书主要采用以下几种研究方法：

第一，政经分析法。结合马克思主义政治经济学、世界经济学、国际关系学相关理论分析构建人类命运共同体思想的提出背景、亚太经济一体化发展历程及面临困境，基于人类命运共同体思想分析亚太经济一体化，分析亚太经济一体化主要参与方区域经济合作战略及利益博弈，分析人类命运共同体视角下亚太经济一体化推进路径等问题。

第二，文献分析法。收集国内文献，主要包括具有代表性的著作、教材、论文集，以及刊载于国内外权威期刊的论文，并对其进行细致的梳理、分类与归纳。

第三，对比分析法。对亚太经济一体化主要参与方的区域经济合作战略进行对比分析，探析各方路径选择。

第四，系统研究法。基于构建人类命运共同体思想，从经济、政治、安全、文化、生态等层面对亚太经济一体化进行系统综合研究，提出亚太经济一体化推进路径。

第五，专家访谈法。就与本研究相关问题请教国内外专家。

第四节 主要创新点和需要进一步研究的问题

一、主要创新点

一是研究视角新。

构建人类命运共同体思想马克思主义中国化的重要理论成果，丰富了中国特色社会主义理论体系内容，是习近平新时代中国特色社会主义思想的重要组成部分，是中国国际关系理论和中国外交理论的创新。构建人类命运共同体思想具有深邃的理论内涵、丰富的现实关怀、广泛的国际影响与深远的历史意义。构建人类命运共同体思想为推进亚太经济一体化建设指明了道路和方向。本书基于构建人类命运共同思想这一新思想，研究亚太经济一体化问题，研究视角独特。

二是研究内容和观点力求创新。

亚太地区区情复杂，各经济体在经济发展水平、社会制度、历史文化等方面存在差异，参与亚太经济一体化立场和利益诉求不同，难以协调。此外，亚太地区受大国因素干扰，面临非传统安全挑战大，地缘政治博弈较激烈，安全利益诉求和分歧较大，亚洲共同意识和身份认同不足。在此背景下，仅从经济方面发力，单纯靠市场力量推动亚太经济一体化发展，难以达到预期效果。本书基于构建人类命运共同体思想，从经济、政治、安全、文化、生态合作等层面提出推进亚太经济一体化路径。

二、需要进一步研究的问题

亚太经济一体化是个动态过程，本书结合其过去和当前发展状况得出的一些结论，可能随着其今后的发展会出现偏差，今后需要不断跟进研究。

第五节 有关研究概念的界定

一、亚太地区

学界对亚太地区的界定分为广义和狭义两种，广义上的亚太地区包括整个环太平洋地区，即包括加拿大、美国、墨西哥、秘鲁、智利等南北美洲的国家和太平洋西岸的俄罗斯远东地区、日本、韩国、中国、东盟各国和大洋洲的澳大利亚、新西兰等国家和地区。狭义的亚太地区主要指西太平洋地区，即包括东亚的中国、日本、俄罗斯远东地区和东南亚国家，有时还延伸到大洋洲的澳大利亚和新西兰等国。

本书所指的亚太地区采用广义概念，即包括整个亚洲及环太平洋地区。

二、人类命运共同体

国务院新闻办公室于 2011 年 9 月发布首个关于中国外交理念和外交政策的白皮书——《中国的和平发展》。该书作为官方文件首次提到"命运共同体"这一概念，写道："不同制度、不同类型、不同发展阶段的国家相互依存、利益交融，形成'你中有我，我中有你'的命运共同体。"党的十八大报告提出要倡导"人类命运共同体"意识，人类命运共同体理念首次载入党的重要文件。党的十八大报告指出："我们主张，在国际关系中弘扬平等互信、包容互鉴、合作共赢的精神，共同维护国际公平正义……合作共赢，就是要倡导人类命运共同体意识，在追求本国利益时兼顾他国合理关切，在谋求本国发展中促进各国共同发展，建立更加平等均衡的新型全球发展伙伴关系，同舟共济，权责共担，增进人类共同利益。"近年来，习近平总书记在国内外重要场合多次提及"人类命运共同体"。构建人类命运共同体思想的核心是"建设持久和平、普遍安全、共同繁荣、开放包容、清洁美丽的世界"。

三、亚太经济一体化

亚太经济一体化是指亚太地区两个或两个以上的经济体相互间取消各种市场壁垒，实现生产要素自由流动，进而使经济达到某种程度的结合的过程。亚太经济体在此过程中进行协作分工，实现共同的经济利益和目标。

第二章

构建人类命运共同体思想概述

构建人类命运共同体思想是中国基于和平与发展、合作与共赢的时代主题，顺应人类社会相互联系、相互依存程度空前加深的历史潮流，通过对人类前途命运的深入思考，提出的宏伟构想和中国方案。构建人类命运共同体思想是一个科学完整、内涵丰富、意义深远的思想体系。"建设持久和平、普遍安全、共同繁荣、开放包容、清洁美丽的世界"是这一思想的核心。构建人类命运共同体思想的提出具有鲜明的时代背景，其形成大致经历了提出和发展、日臻丰富成熟、全面落实三个阶段。构建人类命运共同体需要世界各国从伙伴关系、安全格局、经济发展、文明交流、生态建设等方面做出努力。

第一节　构建人类命运共同体思想提出的时代背景

构建人类命运共同体思想的提出有着深刻的国际和国内背景。就国际层面而言，经济全球化深入发展，全球相互依赖程度与日俱增；世界多极化趋势向前推进，多个力量中心形成；全球治理体系合法性和代表性不足，亟须改革。就国内层面而言，中国日益强大，不断站在世界舞台中央，有意愿也有能力为人类做出更大贡献。

一、经济全球化深入发展，全球相互依赖程度与日俱增

20世纪90年代以来，随着科技革命和生产力的不断发展，经济全球化迅猛发展，生产要素在全球范围内优化组合和配置，各国之间的相互交流、相互依存日益加深。习近平总书记指出："这个世界，各国相互联系、相互依存的程度空前加深，人类生活在同一个地球村里，生活在历史和现实交汇的同一个时空里，越来越成为你中有我、我中有你的命运共同体。"① "在经济全球化的今天，没有与世隔绝的孤岛。同为地球村居民，我们要树立人类命运共同体意识。"② 以中国为例，中国经济的发展离不开世界。截至2017年年底，中国2.55万家境内投资者在国（境）外共设立对外直接投资企业3.92万家，分布在全球189个国家（地区），年末境外企业资产总额达6万亿美元，对外直接存量达18090.4亿美元。③ 同样，世界经济的发展离不开中国。1979年至2017年，中国对世界经济增长的年均贡献率为18.4%，仅次于美国，居世界第二位。特别是自2006年以来，中国对世界经济增长的贡献率稳居世界第一位。2017年，中国对世界经济增长的贡献率为27.8%，超过美

---

① 习近平. 顺应时代前进潮流　促进世界和平发展——在莫斯科国际关系学院的演讲 [N]. 人民日报，2013-03-24 (2).

② 习近平. 中国发展新起点　全球增长新蓝图——在二十国集团工商峰会开幕式上的主旨演讲 [N]. 人民日报，2016-09-04 (3).

③ 中国商务部. 中国对外直接投资发展报告（2018）[EB/OL]. 中国商务部官网，2019-07-13.

国、日本贡献率的总和，拉动世界经济增长 0.8 个百分点，是世界经济增长的第一引擎。①

　　世界各国发展相互关联的同时，面临诸多共同的风险和挑战。正如习近平总书记所言："今天，互联网、大数据、云计算、量子卫星、人工智能迅猛发展，人类生活的关联前所未有，同时人类面临的全球性问题数量之多、规模之大、程度之深也前所未有。世界各国人民前途命运越来越紧密地联系在一起。"② 当今世界正面临百年未有之大变局，和平与发展仍然是时代主题，同时不稳定性不确定性更加突出，人类面临许多共同挑战。习近平总书记把人类面临的共同挑战概括为"四大赤字"。一是治理赤字，全球治理体系严重缺乏公正性、公平性和代表性。全球热点问题此起彼伏、持续不断，气候变化、网络安全、难民危机等非传统安全威胁持续蔓延，保护主义、单边主义抬头，全球治理体系和多边机制受到冲击。坚持公正合理，破解治理赤字。世界各国要坚持共商共建共享的全球治理观，积极推进全球治理规则民主化。要高举联合国多边主义旗帜，充分发挥世界贸易组织（WTO）、世界银行（WB）、国际货币基金组织（IMF）、二十国集团（G20）、欧盟（EU）等全球或区域多边机制的作用，共同推动构建人类命运共同体。二是信任赤字，国际竞争摩擦呈上升之势，地缘博弈色彩明显加重，国际社会信任和合作受到侵蚀。坚持互谅互让，破解信任赤字。世界各国要秉持对话协商、求同存异原则，通过对话沟通增进战略互信。要坚持正确义

---

① 国家统计局. 国际地位显著提高　国际影响力明显增强——改革开放 40 年经济社会发展成就系列报告之十九［EB/OL］. 国家统计局官网，2018-09-17.

② 习近平. 携手建设更加美好的世界——在中国共产党与世界政党高层对话会上的主旨讲话［N］. 人民日报，2017-12-02（2）.

利观，以义为先、义利兼顾，构建命运与共的全球伙伴关系。要加强不同文明之间的交流互鉴，增进彼此理解和认同，促进各国民心相通。三是和平赤字，地区冲突、局部战争、恐怖主义等对人类安全构成严重威胁。坚持同舟共济，破解和平赤字。世界各国要秉持共同、综合、合作、可持续的新安全观，摒弃冷战思维和零和博弈思维，摒弃弱肉强食的丛林法则，坚持以和平方式解决争端，反对诉诸武力或以武力相威胁，坚持走和平发展道路，实现世界长久和平。四是发展赤字，收入分配不均、发展空间不平衡是当前全球经济治理所面临的最突出问题。坚持互利共赢，破解发展赤字。世界各国要坚持创新驱动、协同联动、公平包容，打造富有活力、开放共赢、平衡普惠的发展模式。① 破解"四大赤字"所要坚持的公平合理、互谅互让、同舟共济、互利共赢四大原则恰恰是构建人类命运共同体思想的题中应有之义。

二、世界多极化趋势向前推进，多个力量中心形成

20 世纪 80 年代末 90 年代初，东欧剧变，苏联解体，冷战结束，两极格局终结。此后，特别是进入 21 世纪以来，世界各种力量此消彼长，新兴市场和发展中国家崛起，多个力量中心逐渐形成。世界多极化具体表现为：美国、欧盟、日本、俄罗斯、中国等大国在国际舞台上发挥举足轻重的作用。美国是当今世界唯一超级大国，极力维护其全球霸主地位，建立其主导的单极世界。"二战"后，欧洲走向统一与联合，欧盟

---

① 习近平. 为建设更加美好的地球家园贡献智慧和力量——在中法全球治理论坛闭幕式上的讲话 [N]. 人民日报，2019-03-27（3）.

建立并发展，欧洲国际地位得以提升。日本主动参与国际事务，加快谋求政治大国的步伐。俄罗斯具有强大的军事实力，随着国内外经济形势的不断好转，其国际地位得以改善。中国综合国力和国际影响力不断提升，日益走近世界舞台中央，坚持走中国特色社会主义道路，不断为人类做出更大贡献。

大量非国家行为体出现，影响力逐渐增强。非国家行为体是指除主权国家之外的能够独立参与国际事务的政治、经济、文化实体。① 非国家行为体如国际组织、跨国公司、全球公民社会等，日益成为影响国际关系的独特力量。非国家行为体在国际交往中，政治阻碍少，灵活性大，为处理和调节国际关系提供了更多可供选择的方式。全球相互依赖性的增强和全球问题的凸显为非国家行为体提供了广阔的活动空间。非国家行为体在应对恐怖主义、网络安全、核安全、跨国犯罪和气候变化等问题上发挥着越来越重要的作用。

新兴市场和发展中国家崛起，全球经济重心和权力重心逐渐东移。20 世纪 80 年代以来，以"金砖国家"（中国、巴西、俄罗斯、印度、南非）为代表的新兴市场和发展中国家经济增长较快，经济实力进一步提升。相比之下，以七国集团（G7）为代表的欧美发达经济体江河日下，全球经济、贸易和投资重心东移，"欧美世纪"转向"亚洲世纪"。就 GDP 世界占比而言，如图2-1所示，进入 21 世纪以来，发达国家经济体和以 G7 为代表的主要发达经济体的 GDP 世界占比呈现持续下降态势。相比之下，新兴市场和发展中国家、亚洲新兴和发展中经济体的 GDP 世

---

① 董健. 超越国家：从主权破裂到新文明朦胧 [M]. 北京：当代世界出版社，2002：230.

界占比则呈现持续上升态势。预计到 2024 年新兴市场和发展中经济体的
GDP 世界占比将超过 G7 为代表的主要发达经济体的 GDP 世界占比。

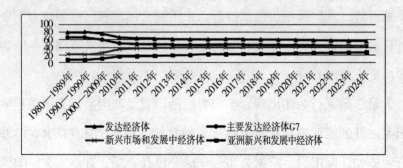

图 2-1 相对经济实力（GDP 占比）变化（%）

数据来源：IMF WEO Data。

就全球贸易而言，如图 2-2 所示，自 20 世纪 80 年代末以来，发达
经济体（不含日本、以色列）全球贸易占比呈现下降态势，截至 2018
年降至 51.56%。相比而言，亚洲经济体（含日本、以色列）全球贸易
占比则呈现上升态势，截至 2018 年升至 37.54%。

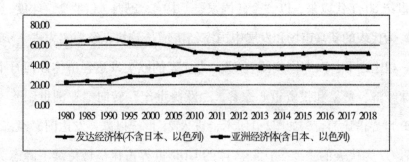

图 2-2 发达经济体和亚洲经济体全球贸易占比变化（%）

数据来源：UNCTAD STAT。

就全球国际直接投资（FDI）流入而言，如图 2-3 所示，发达经济体 FDI 流入全球占比总体上呈现下降态势，从 1980 年的 85.83%降至 2018 年的 40.49%，降幅约为 45%。相比之下，亚洲经济体的 FDI 流入全球占比总体呈上升态势，从 1980 年的 1.58%升至 2018 年的 41.89%，升幅约为 40%。2018 年，亚洲经济体 FDI 流入全球占比超过发达经济体 FDI 流入全球占比，亚洲正在成为全球投资热土。

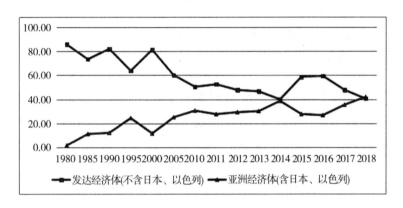

图 2-3　发达经济体和亚洲经济体 FDI 流入全球占比（%）

数据来源：UNCTAD STAT。

就全球 FDI 流出而言，如图 2-4 所示，发达经济体 FDI 流出全球占比自 1980 年以来总体呈现下降态势，从 1980 年的 90.19%降至 2018 年的 40.36%，降幅约为 50%。相比之下，亚洲经济体 FDI 流出全球占比则总体呈现上升态势，从 1980 年的 6.85%升至 2018 年的 54.26%，升幅约为 47%。2018 年，亚洲经济体 FDI 流出全球占比超过发达经济体 FDI 流出全球占比，亚洲正在成为全球对外直接投资的主要来源地。

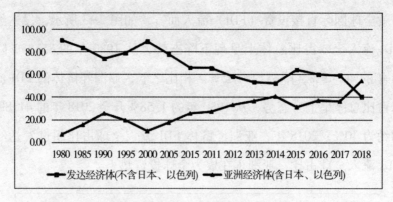

图 2-4 发达经济体和亚洲经济体 FDI 流出全球占比（%）

数据来源：UNCTAD STAT。

自 21 世纪以来，新兴市场和发展中经济体平均经济增长率接近 6%，亚洲新兴市场和发展中经济体则超过 7%，远高于发达经济体 1.9%及全球 3.8%的平均增长率（见图 2-5）。新兴市场和发展中经济体对全球经济增长的贡献率已经达到 80%，成为名副其实的全球经济增长的驱动器与主力军。[①]

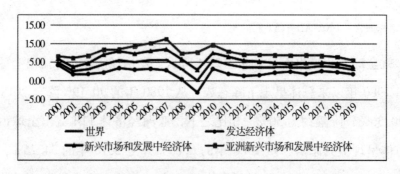

图 2-5 世界主要经济体经济增长率

数据来源：IMF WEO Data（2020 年 4 月数据）。

---

① 陈积敏. 构建人类命运共同体思想探析 [J]. 和平与发展，2018（4）：4.

三、全球治理体系合法性和代表性不足，亟须改革

如前文所述，当今世界形成多个力量中心，非国家行为体发挥越来越重要的作用，新兴市场和发展中国家快速崛起。然而，当前全球治理体系是美国为首的西方国家主导，由以联合国为中心的国际安全体系和以三大国际经济组织（WTO、WB、IMF）为中心的国际济体系组成。这一体系的运行模式是大国协调为中心、中小国家共同参与。发达国家处于治理"中心"，充当治理者角色，发展中国家则处于治理"外围"，充当被治理者角色，发达国家牢牢控制着国际规则的制定权，为谋取本国利益服务。

随着新兴市场和发展中国家经济实力的增长，其参与全球治理的意愿高涨，但是，现行全球治理体系的权力分配与新兴市场和发展中国家的快速崛起的事实不相匹配，未能充分体现新兴市场和发展中国家的代表性和发言权。以 IMF 为例，美国为首的西方国家控制着投票权，占有多数份额，美国 16.51%、日本 6.15%、德国 5.32%、英国 4.03%、法国 4.03%。而作为新兴市场和发展中国家的代表中国则仅有 6.08% 的投票权。[①] 在重大事项决策上需要占总投票权 85% 的成员同意，因而美国拥有一票否决权。美国为首的西方国家对当前全球治理体系缺乏合法性和代表性的事实不但置之不理，而且肆意阻挠对其进行必要改革。例如，在 2010 年 G20 领导人峰会决定向发展中国家转让 6% 的 IMF 投票权，同时还将欧洲发达工业国两个执行董事会的席位让给发展中国家。

---

① IMF. IMF Members' Quotas and Voting Power ［EB/OL］. IMF 官网，2020-05-27.

然而，美国国会迟迟不予批准，直到 2015 年 12 月才通过这一改革方案。

现行全球治理体系缺乏合法性和代表性严重打消了新兴市场和发展中国家、非国家行为体参与全球治理的积极性，这在一定程度上导致诸多全球问题无法得到有效应对。

四、中国有意愿也有能力为人类做出更大贡献

中国共产党把构建人类命运共同体作为新时代的使命，中国共产党有为人类进步事业做出更大贡献的强烈意愿。毛泽东在 1956 年撰文《纪念孙中山先生》，指出：进入 21 世纪，中国将变成一个强大的社会主义工业国，对于人类应当有更大贡献。邓小平也反复强调，中国发展起来之后，不仅不会对世界产生新的威胁，而且还会对世界和平与发展做出更大的贡献。党的十九大报告也强调："中国共产党是为中国人民谋幸福的政党，也是为人类进步事业而奋斗的政党。中国共产党始终把为人类作出新的更大的贡献作为自己的使命。"构建人类命运共同体思想恰恰是中国就如何应对全球性挑战，为实现人类社会共同发展、持久繁荣、长治久安而绘制的中国方案。

中国有意愿也有能力为人类做出更大贡献。中国特色社会主义进入新时代，这个新时代是中国日益走近世界舞台中央、不断为人类做出更大贡献的时代。中国作为世界第二大经济体，作为联合国安理会常任理事国，有能力为人类进步事业做出更大贡献。经过四十余年改革开放，中国经济和社会发展取得了举世瞩目的成就，国际地位和国际影响力显

著提升，以崭新的姿态屹立于世界东方之林。自改革开放以来，中国经济平均增长率超过 9%，明显高于同期世界和主要经济体平均水平，对世界经济增长的贡献率位居世界榜首。中国国内生产总值自 2010 年以来一直稳居世界第二，主要工农业产品产量位居世界前列，货物贸易进出口总额位居世界第一，服务贸易进出口总额位居世界第二，对外直接投资位居世界第三，吸引外商直接投资位居世界第二，现代基础设施建设领跑世界。人民生活水平不断提高，达到中等偏上收入国家水平，教育文化和医疗卫生水平明显提升，贫困人口大幅度减少，2020 年完成脱贫攻坚目标任务。中国改革开放以来综合国力的显著提升为中国承担更多责任，为人类做出更大新的贡献提供了前提和基础。

第二节 构建人类命运共同体的思想渊源

构建人类命运共同体思想有着深刻的思想渊源。它根植于中国悠久的历史文化，汲取了马克思共同体思想精华，同时继承了新中国外交战略理念。

一、根植于中国悠久的历史文化

构建人类命运共同体思想蕴含着中国传统文化中的"协和万邦"与"天下大同"思想，体现了"天人合一"的宇宙观、"天下为公"的政治观、"和而不同"的社会观等价值观念。①

"天人合一"的宇宙观反映人与自然、人与社会、主观与客观和谐统一关系。正如《周易》所言："夫大人者，与天地合其德，与日月合其明，与四时合其序，与鬼神合其吉凶。先天而天弗违，后天而奉天时。"第一，"天人合一"思想认为，人与自然相互依存，不可分割，人类在发展过程中必须处理好人与自然的关系，使二者和谐统一。人在改造自然过程中要做到两点。一是尊重自然，要认识到人与自然既是共融共生的生命共同体，又是休戚与共的命运共同体。人对自然要有敬畏之心、感恩之情、报恩之意。二是顺应自然，人在改造自然过程中要按照自然规律办事，不以人的意志为转移。三是保护自然，人在利用自然过程中，要既讲索取又讲投入，既讲利用又讲建设。要注意保护环境，呵护自然，回报自然。第二，"天人合一"思想认为，人与社会和谐统一，要求人不断提升道德修养，要符合天德，在道德上做到人与天的统一。"修身齐家治国平天下"就强调了运用道德的力量，通过品性修养和文明教化实现天下太平。第三，"天人合一"思想认为，主观世界与客观世界相统一。"天"指的是客观物质世界，"人"指的是人的主观思维世界，人在改造主观世界时要尊重客观规律，适应客观世界的要求。不难看出，"天人合一"思想强调世界万物的和谐统一，强调发挥道德的内在作用，实现世界万物和谐。

"天下为公"的政治观是一种美好的社会政治理想，主张天下归人民所有，选贤举能，让德才兼备的人治理国家。"天下为公"出自《礼

---

① 王帆，凌胜利. 人类命运共同体——全球治理的中国方案 [M]. 长沙：湖南人民出版社，2017：2.

记·礼运》，文中记载："大道之行也，天下为公，选贤与能，讲信修睦。故人不独亲其亲，不独子其子，使老有所终，壮有所用，幼有所长，矜、寡、孤、独、废疾者皆有所养，男有分，女有归。货恶其弃于地也，不必藏于己；力恶其不出于身也，不必为己。是故谋闭而不兴，盗窃乱贼而不作，故外户而不闭，是谓大同。"近代思想家利用"天下为公"思想对封建制度进行了批判。康有为撰写《大同书》，提出建立一个"人人相亲，人人平等，天下为公"的理想社会。梁启超倡导"天下兴亡，匹夫有责"。民主革命先行者孙中山更是积极践行"天下为公"思想。他于1924年发表《对驻广州湘军的演说》，指出："提倡人民的权利，便是公天下的道理。公天下和家天下的道理是相反的。天下为公，人人的权利都是很平的。""天下为公"思想包含以下几方面：推崇道义，在符合道义的基础上追求正当利益，主张"义以为上""先义后利""公而忘私"等；主张把国家、民族利益放在首位，"以天下为己任"的家国情怀，提倡"先天下之忧而忧，后天下之乐而乐""天下兴亡，匹夫有责"；提倡"协和万邦"，主张"礼之用，和为贵"，提倡通过"礼"确定国际秩序，各国通过推行仁政来处理彼此间关系；各国在国际交往中要讲诚信，实行德政，做到"德不孤，必有邻"，最终实现天下和平。

"和而不同"的社会观揭示了求同存异、包容互补、和谐共存的价值取向。《论语》记载："君子和而不同，小人同而不和。""和而不同"体现了"和"与"不同"这对矛盾的对立统一，二者相互依赖，不可分割。"和而不同"思想体现了开放包容的处事态度，主张国家间处理关系上要承认彼此差异，包容和尊重彼此差异，保持一种和谐友善关系，实现共存共荣。正如费孝通先生所言"各美其美，美人之美，美美与共，天下大同"。

构建人类命运共同体思想把人类和自然界看成一个密切相关、不可分割的有机整体，认为世界没有哪一个国家能够离开其他国家而单独生存发展，倡导各国积极践行正确义利观，建立以合作共赢为核心的新型国际关系，实现包容和可持续发展，最终建立持久和平、普遍安全、共同繁荣、开放包容、清洁美丽的世界，恰恰继承了"天人合一""天下为公""和而不同"思想精华。

二、汲取马克思共同体思想精华

构建人类命运共同体思想是对马克思共同体思想的继承和发展。马克思在《1857—1858年经济学手稿》中指出人类历史依次经历的三种社会形态，即"人的依赖关系""以物的依赖性为基础的人的独立性社会状态""自由人联合体"。这三种社会形态本质属性都是共同体，分别对应为"自然形成的共同体""虚幻的共同体""真正的共同体"。

"自然形成的共同体"是马克思对人类发展史上最早的社会形态的概括和总结。"自然形成的共同体"是基于血缘关系而自然形成的原始共同体，在血缘、语言、习惯等方面具有共同性，其基本表现形态是"家庭或扩大成为部落的家庭，或通过家庭之间相互通婚［而组成的部落］，或部落的联合。①"在"自然形成的共同体"中，所有成员共同

---

① 中共中央马克思恩格斯列宁斯大林编译局. 马克思恩格斯文集：第8卷［M］. 北京：人民出版社，2009：123.

拥有和使用土地，共享集体的劳动成果。囿于生产力发展水平低下，人类改造自然能力弱，单个成员无法有效获取生活资料，无法保证自身安全，只有在共同体环境中"抱团取暖"，才能维持生存。因此，这种通过血缘关系组成的共同体，单个成员对共同体形成很强的生存依赖、利益依赖和人身依赖关系。共同体对单个成员有绝对控制力量。

随着生产力水平的不断发展以及单个成员自我意识和主体性的增强，单个成员摆脱共同体控制的愿望愈加强烈，个体利益和共同利益出现了矛盾，这就要求有一种新的社会形态来调节个体利益和共同利益，国家作为不同社会利益集团之间矛盾冲突的产物应运而生。个体和共同体的对立在资本主义时代达到了顶峰，资本主义国家表面上以社会公共利益主体的身份使自己成为整个社会的人格代表，获得了共同体的外观，但从本质上却是"虚幻的共同体"。这种"虚幻的共同体"是建立在利益关系基础上的，资产阶级占有社会生产资料对没有占有生产资料的、只能靠出卖劳动力来谋生的无产阶级进行剥削。首先，这种共同体只保护了少数人的利益。资产阶级建立国家权力就是为了保卫自己的财产关系，维护自己的统治地位，资本主义国家本质上是资本主义的机器，是资产阶级进行阶级统治的工具，对被统治阶级的广大人民而言就是"虚幻的共同体"。其次，普遍利益对多数人而言是虚幻的。资产阶级要求所有社会成员让渡部分特殊利益，并据此虚构了所谓的"共同利益"。这种"共同利益"只反映了资产阶级的利益诉求，而无法代表全体社会成员，特殊利益的让渡只是换来了自身利益的异化存在。最后，资本主义社会是存在货币、资本拜物教的社会。货币特别是资本强势地束缚了工人，工人被剥夺了生产资料，一无所有，只能靠出卖劳动力存活下去，不得不接受资本的剥削和奴役，资本最终完全控制了工人。货币和资本表面上使个人摆脱了对他人的依赖关系和对自然共同体的从属关系，实现了人的独立性和自由性，实质上使个人陷入对物质力量的依赖，物化关系成为异于人并高于人、支配人的东西。不难看出，资本主义国家是把特殊利益说成普遍利益，是存在货币、资本拜物教的"虚幻的共同体"。

在对"虚幻的共同体"进行批判的基础上，马克思提出了"真正的共同体"即"自由人的联合体"思想。"真正的共同体"的出发点是现实的人，最终的价值追求是实现"自由人联合体"，建立人能够自由全面发展的理想社会。首先，为个人的全面发展提供了经济基础。"真正的共同体"建立在生产资料公有制基础上，生产资料由联合起来的劳动者共同所有、占有、支配和使用，从根本上消除了资本主义社会的种种弊端，消除了私有制下劳动异化现象，使劳动者真正成为社会的主人，实现人的全面发展。其次，为人的全面发展提供了制度基础。在"自然形成的共同体"中，个人因对共同体的过度依赖而失去独立性。在"虚幻的共同体"的资本主义社会中，个人对物的过分依赖，产生"物化""异化"，个人失去了独立性，无法实现个性自由。人的解放只有在"真正的共同体"中才能实现。全世界无产阶级和被压迫民族联合起来，通过暴力的方式消灭阶级和阶级对立，掌握国家政权，建立由劳动人民共同占有生产资料的新型社会经济制度，建立社会主义制度，实现社会主义进而实现共产主义。在共产主义社会下，每个人都能获得在任何领域的自由全面发展。正如《共产党宣言》所言："代替那个存在着阶级和阶级对立的资产阶级旧社会的，将是这样一个联合体，在那里，每个人的自由发展是一切人的自由发展的条件。"①

构建人类命运共同体思想将马克思共同体思想与 21 世纪现实世界相结合，是马克思主义中国化的重要理论成果，为人类社会实现共同发展、共同繁荣、长治久安贡献了中国智慧和中国方案。

三、继承新中国外交理念

自新中国成立至今，党的几代领导集体形成一套一脉相承的外交理念，包括和平外交理念、建立国际新秩序思想、共同发展思想、和谐世界理念等。构建人类命运共同体思想是党在继承这些外交理念的基础上，根据不断变化的国际形势适时提出的宏伟构想和中国方案。

第一，和平外交理念。中国一直坚定奉行和平外交理念，这既有利于中国搞好现代化建设，也有利于维护世界和平稳定。《中国人民政治协商会议共同纲领》就明确指出："中华人民共和国联合世界上一切爱好和平、自由的国家和人民，首先是联合苏联、各人民民主国家和各被压迫民族，站在国际和平民主阵营方面，共同反对帝国主义侵略，以保障世界的持久和平。"第一部《中华人民共和国宪法》序言中也指出："在国际事务中，我国坚定不移的方针是为世界和平和人类进步的崇高目标而努力。"以毛泽东同志为核心的党的第一代领导集体确立了独立自主的和平外交政策，并与一些发展中国家共同提出和倡导和平共处五项原则。1953 年 12 月，周恩来在接见印度代表团时，首次系统提出了

① 中共中央马克思恩格斯列宁斯大林编译局. 马克思恩格斯文集：第 8 卷 ［M］. 北京：人民出版社，2009：53.

和平共处五项原则，即相互尊重领土完整、互不侵犯、互不干涉内政、平等互惠、和平共处五项原则。1954 年 4 月，和平共处五项原则被写入《中国与印度关于中国西藏地方和印度之间的通商和交通协定》。同年 6 月，周恩来在访问印度和缅甸时，与两国分别签署联合声明。这两份声明都将"平等互惠"改为"平等互利"，重申并确认以和平共处五项原则作为国际关系的指导原则。1955 年 4 月，周恩来在万隆会议上发表演讲，将"互相尊重领土完整"改为"互相尊重主权和领土完整"，并提出以"求同存异"的方针来解决亚非国家间的问题，保证会议得以顺利进行。"和平共处五项原则"和"求同存异"方针，有利于不同社会制度国家化解彼此间的矛盾和分歧，成为国际社会普遍接受的处理国家间关系的共同原则。

20 世纪 60 年代，鉴于美国和苏联两个超级大国都对中国采取敌对态度，中国提出"两个中间地带"学说，即亚洲、非洲、拉丁美洲是一个中间地带；欧洲、北美洲、大洋洲是第二个中间地带。中国依靠第一中间地带，争取第二中间地带，反对美苏霸权主义，维护世界的进步与和平。20 世纪 70 年代，美苏争霸呈现苏攻美守的局面，苏联加强对中国施压并进行军事部署。毛泽东审时度势，提出从日本到欧洲一直到美国的"一条线"战略，团结一切可以团结的力量，对付苏联霸权，维护世界和平。党的十一届三中全会之后，中国实行"真正的不结盟"战略，坚持独立自主和平外交政策，强调要反对霸权主义，维护世界和平。冷战结束以后，中国强调在和平共处五项原则的基础上，推动国际秩序向公正合理方向发展，为建设持久和平、共同繁荣的和谐世界做贡献。党的十五大报告指出："各国人民要求平等相待、友好相处的呼声日益高涨。要和平、求合作、促发展已经成为时代的主流。"2005 年 9 月，胡锦涛在联合国成立 60 周年首脑会议上的发表讲话指出：要和平、促发展、谋合作是时代的主旋律。世界各国应携手构建一个持久和平、共同繁荣的和谐世界。① 党的十六大、十七大、十八大报告均强调，中国将始终不渝地奉行独立自主和平外交政策。党的十八大以来，中国根据国际形势的发展变化，高举和平、发展、合作、共赢的旗帜，一如既往地维护世界和平，促进世界共同发展。构建人类命运共同体思想恰恰是中国和平外交理念的继承和创新。党的十九大报告指出："中国将高举和平、发展、合作、共赢的旗帜，恪守维护世界和平、促进共同发展的外交政策宗旨，坚定不移在和平共处五项原则基础上发展同各国的友好合作，推动建设相互尊重、公平正义、合作共赢的新型国际关系。"

第二，建立国际新秩序思想。建立国际新秩序就是改变传统的不合理的国际旧秩序，改变西方大国对广大发展中国家以及最不发达国家的不公正的做法，依据国际法原则在平等互利的基础上建立公平合理的国际新秩序。20 世纪 50—60 年代，广大发展中国家相继加入联合国，相互间的团结合作加强，积极参与国际事务，推动建立国际新秩序。在不结盟运动和七十七国集团的共同推动下，联合国于 1974 年 12 月通过了《关于建立新的国际经济秩序的宣言》和《行动纲领》。20 世纪 80 年代，南北对话陷入僵局，建立国际经济新秩序的进程也因此中断。改革开放以后，邓小平根据国际形势发展变化，提出建立国际政治经济新秩序。他指出："世界上现在有两件事情要同时做，一个是建立国际政治

---

① 胡锦涛. 努力建设持久和平 共同繁荣的和谐世界——在联合国成立 60 周年首脑会议上的讲话 [N]. 人民日报，2005-09-16（1）.

新秩序，一个是建立国际经济新秩序。"① 冷战结束后，中国继续推动建立国际新秩序。1992 年，党的十四大报告正式将建立国际新秩序定为中国对外政策的重要内容，系统阐述了其内涵："建立什么样的国际新秩序，是当前国际社会普遍关心的重大问题。根据历史经验和现实状况，我们主张在互相尊重主权和领土完整、互不侵犯、互不干涉内政、平等互利、和平共处等原则的基础上，建立和平、稳定、公正、合理的国际新秩序。这一新秩序包括建立平等互利的国际经济新秩序。"2003 年 5 月，胡锦涛在莫斯科国际关系学院发表演讲，提出建立公正合理国际政治经济新秩序的五点主张：促进国际关系民主化；维护和尊重世界多样性；树立互信、互利、平等和合作的新安全观；促进全球经济均衡发展；尊重和发挥联合国及其安理会的重要作用。② 2005 年 9 月，胡锦涛在联合国成立 60 周年首脑会议上提出构建"和谐世界"的国际秩序新构想，指出：中国愿意在"互信、互利、平等、协作"的新安全观基础上，与世界各国互利合作、包容互鉴，以实现共同安全、共同发展与和谐相处。党的十八大以来，以习近平同志为核心的党中央继续探索构建国际新秩序，进一步发展和谐世界的外交思想，提出构建人类命运共同体思想。2017 年 2 月，习近平总书记在国家安全工作座谈会上强调："世界多极化、经济全球化、国际关系民主化的大方向没有改变，

① 邓小平．以和平共处五项原则为准则建立国际新秩序［M］//邓小平．邓小平文选：第 3 卷．北京：人民出版社，1993：282.
② 胡锦涛．世代睦邻友好 共同发展繁荣［M］//胡锦涛．胡锦涛文选：第 2 卷．北京：人民出版社，2016：46.

要引导国际社会共同塑造更加公正合理的国际新秩序。"① 2017 年 12
月，习近平总书记在中国共产党与世界政党高层对话会上指出："中国
将积极参与全球治理体系改革和建设，推动国际政治经济秩序朝着更加
公正合理的方向发展。"② 2019 年 6 月，习近平总书记在中俄建交 70 周
年大会上指出："面对复杂变化的国际形势，中俄作为世界大国和联合
国安理会常任理事国，将继续秉持公平正义，坚持责任道义，体现担当
仗义，同国际社会一道，坚定维护以联合国为核心的国际体系，坚定维
护以《联合国宪章》宗旨和原则为基础的国际秩序，推动世界多极化
和国际关系民主化，共同建设更加繁荣稳定、公平公正的世界，携手构
建新型国际关系和人类命运共同体。"③

　　第三，共同发展思想。进入 21 世纪，中国根据和平与发展的时代
主题以及确保为现代化建设营造有利外部环境的发展需求，提出了共同
发展思想，提出把一个和平、平等、合作、稳定、共同繁荣的世界带入
21 世纪。1996 年 12 月，江泽民在出访巴基斯坦时，提出处理同东南亚
各国关系的五项原则：扩大交往，加深友谊；相互尊重，世代友好；互
利互惠，共同发展；求同存异，妥善处理分歧；团结合作，共同创造美
好未来。此后，中国在各种国际场合倡导共同发展思想，并得到国际社
会一致认可。2001 年，江泽民在发表"七一"讲话时指出："世界是丰

---

① 习近平. 牢固树立认真贯彻总体国家安全观　开创新形势下国家安全工作新局面
[N]. 人民日报，2017-02-18 (1).

② 习近平. 携手建设更美好的世界——在中国共产党与世界政党高层对话会上的主旨
讲话 [N]. 人民日报，2017-12-02 (2).

③ 习近平. 携手努力，并肩前行，开创新时代中俄关系的美好未来——在中俄建交 70
周年纪念大会上的讲话 [N]. 人民日报，2019-06-07 (2).

富多彩的。各国文明的多样性，是人类社会的基本特征，也是人类文明进步的动力。应尊重各国的历史文化、社会制度和发展模式，承认世界多样性的现实。世界各种文明和社会制度，应长期共存，在竞争比较中取长补短，在求同存异中共同发展。"① 党的十六大报告指出："中国外交政策的宗旨，是维护世界和平，促进共同发展，我们愿同各国人民一道，共同推进世界和平与发展的崇高事业。"党的十六大之后，中国提出并积极践行科学发展观，自觉走科学发展道路，奋力开拓中国特色社会主义更为广阔的发展前景，在通过促进本国发展，推动世界共同发展。2005 年 9 月，胡锦涛在联合国成立 60 周年大会上发表讲话指出："中国将始终不渝把自身的发展与人类共同发展进步联系在一起，既充分利用世界和平发展带来的机遇发展自己，又以自身的发展更好维护世界和平，促进共同发展。"② 党的十八大报告指出："中国将继续高举和平、发展、合作、共赢的旗帜，坚定不移致力于维护世界和平，促进共同发展。"党的十八大以来，中国提出"一带一路"重大倡议，推动构建人类命运共同体，表示愿同各国人民一道，共同创造人类美好未来。2014 年 6 月，习近平总书记在中阿合作论坛上发表讲话时指出："中国追求的是共同发展。我们既要让自己过得好，也要让别人过得好。"③ 党的十九大报告强调，中国将恪守维护世界和平、促进共同发展的外交政策宗旨。中国积极推进"一带一路"国际合作，打造国际合作新平

---

① 江泽民. 在庆祝中国共产党成立八十周年大会上的讲话 [N]. 人民日报，2001-07-02 (1).
② 胡锦涛. 努力建设持久和平 共同繁荣的和谐世界——在联合国成立 60 周年首脑会议上的讲话 [N]. 人民日报，2005-09-16 (1).
③ 习近平. 弘扬丝路精神 深化中阿合作——在中阿合作论坛第六届部长级会议开幕式上的讲话 [N]. 人民日报，2014-06-06 (2).

台，增添共同发展新动力。2018 年 11 月，习近平总书记在首届中国国际进出口博览会开幕式上发表讲话指出：面对世界经济格局的深刻变化，为了共同建设一个更加美好的世界，各国都应该拿出更大勇气，积极推动开放合作，实现共同发展。各国应坚持包容互惠，推动各国共同发展。①

　　第四，和谐世界理念。进入 21 世纪以来，中国顺应和平、发展、合作的时代潮流，为回应"中国威胁论"，树立良好国际形象，提升国际影响力，提出建设和谐世界。2005 年 9 月，胡锦涛在联合国成立 60 周年首脑会议上首次提出和谐世界理念。他指出："和谐世界就是'持久和平，共同繁荣的世界'。和谐世界具有五种内涵，即它是和平共处五项原则的新发展，深化了以对话求安全，以合作谋发展的新思路，体现了维护全球政治和文明多样性的深刻意义，鉴于南北世界差距扩大的严重后果，要求建立更加公平合理的国际经济秩序以及国际社会要有理、有利、有节地抵制霸权主义，推动国际关系民主化进程。"② 党的十七大报告进一步阐释了和谐世界理念，提出了建设和谐世界的路径："共同分享发展机遇，共同应对各种挑战，推进人类和平发展的崇高事业，事关各国人民的根本利益，也是各国人民的共同心愿。我们主张，各国人民携手努力，推动建设持久和平、共同繁荣的和谐世界。为此，应该遵循《联合国宪章》宗旨和原则，恪守国际法和公认的国际关系准则，在国际关系中弘扬民主和谐，协作共赢精神；政治上相互尊重、

①　习近平 . 共建创新包容的开放型世界经济——在首届中国国际进出口博览会开幕式上的主旨演讲［N］. 人民日报，2018-11-06（3）.
②　胡锦涛 . 努力建设持久和平　共同繁荣的和谐世界——在联合国成立 60 周年首脑会议上的讲话［N］. 人民日报，2005-09-16（1）.

平等协商、共同推动国际关系民主化；经济上相互合作、优势互补，共同推进经济全球化朝着均衡、普惠、共赢方向发展；文化上相互借鉴、求同存异，尊重世界多样性，共同促进人类文明繁荣进步；安全上相互信任，加强合作，坚持用和平方式，而不是战争手段解决国际争端，共同维护世界和平稳定；环境上相互帮助，协力推进、共同呵护人类赖以生存的地球家园。"党的十八大报告强调，推动建设持久和平、共同繁荣的和谐世界，是各国人民的共同愿望。2014 年 11 月，习近平总书记在澳大利亚联邦议会发表演讲指出："中国人民坚持走和平发展道路，也真诚希望世界各国都走和平发展这条道路，共同应对威胁和破坏和平的各种因素，携手建设持久和平、共同繁荣的和谐世界。"① 和谐世界理念所蕴含的全球政治观、经济观、文明观、安全观、自然生态观为构建人类命运共同体思想奠定了理论基础。其所倡导的相互尊重、平等协商，促进世界各国共同繁荣，不同文明和谐共处，维护世界持久和平，共建地球家园的思想是构建人类命运共同体思想的题中应有之义。

第三节　构建人类命运共同体思想的形成过程

构建人类命运共同体思想的形成大致经历了提出和发展、日臻丰富成熟、全面落实三个阶段。

---

① 习近平 . 携手追梦中澳发展梦想　并肩实现地区繁荣稳定——在澳大利亚联邦议会的演讲 [N]. 人民日报，2014-11-08（2）.

一、提出和发展阶段

2012 年 11 月到 2015 年 9 月是构建人类命运共同体思想提出和发展阶段。国务院新闻办公室于 2011 年 9 月发布首个关于中国外交理念和外交政策的白皮书——《中国的和平发展》。该书作为官方文件首次提到"命运共同体"这一概念，写道："不同制度、不同类型、不同发展阶段的国家相互依存、利益交融，形成'你中有我，我中有你'的命运共同体。"党的十八大报告指出："要倡导人类命运共同体意识，在追求本国利益时兼顾他国合理关切，在谋求本国发展中促进各国共同发展，建立更加平等均衡的新型全球发展伙伴关系，同舟共济，权责共担，增进人类共同利益。"2013 年 3 月，习近平总书记在莫斯科国际关系学院发表演讲，首次向世界传达构建人类命运共同体思想。习近平总书记指出："这个世界，各国相互联系、相互依存的程度空前加深，人类生活在同一个地球村里，生活在历史和现实交汇的同一个时空里，越来越成为你中有我、我中有你的命运共同体。"[1] 2013 年 10 月，习近平总书记在周边外交工作座谈会上提出，让命运共同体意识在周边国家落地生根。2014 年 11 月，习近平总书记提出打造"周边命运共同体"的对外战略布局。在这一周边外交工作理念的指导下，中国积极推动与周边国家构建命运共同体。习近平总书记先后就打造中柬命运共同体、中巴命运共同体、中缅命运共同体发表重要讲话。在打造双边命运共同体

---

[1]　习近平. 顺应时代前进潮流　促进世界和平发展——在莫斯科国际关系学院的演讲[N]. 人民日报，2013-03-24（2）.

的同时，中国还积极推动建设地区命运共同体。习近平总书记先后就打造中非命运共同体、中国—东盟命运共同体、中阿命运共同体、中拉命运共同体、亚洲命运共同体、中非命运共同体发表重要讲话。2015 年 9 月，习近平总书记出席第 70 届联合国大会一般性辩论，发表题为《携手构建合作共赢新伙伴　同心打造人类命运共同体》的重要讲话，提出打造人类命运共同体的五位一体总方略：要建立平等相待、互商互谅的伙伴关系；要营造公道正义、共建共享的安全格局；要谋求开放创新、包容互惠的发展前景；要促进和而不同、兼收并蓄的文明交流；要构筑尊崇自然、绿色发展的生态体系。① 综上所述，中国在这一时期提出构建人类命运共同体思想，并通过国内外多个重要场合宣传这一思想，提出构建双边命运共同体和地区命运共同体。

二、日臻丰富成熟阶段

2015 年 10 月到 2016 年 12 月是构建人类命运共同体思想日臻成熟阶段。2015 年 11 月，习近平总书记在巴黎气候大会开幕式发言中，强调《巴黎协议》不是终点，而是新的起点。应对气候变化的全球努力给我们的思考和探索未来全球治理模式、推动建设人类命运共同体带来宝贵启示。② 2015 年 12 月，习近平总书记出席中非合作论坛，并发表题为《开启中非合作共赢　共同发展的新时代》的重要讲话，强调打

---

① 习近平. 携手构建合作共赢新伙伴　同心打造人类命运共同体——在第七十届联合国大会一般性辩论时的讲话［N］. 人民日报，2015-09-29（2）.

② 习近平. 携手构建合作共赢　公平合理的气候变化治理机制——在气候变化巴黎大会开幕式上的讲话［N］. 人民日报，2015-12-01（2）.

造中非命运共同体的五大支柱即要坚持政治上平等互信、经济上合作共赢、文明上交流互鉴、安全上守望互助、国际事务中团结协作。① 2015年12月，习近平总书记在第二届互联网大会开幕式发表主旨演讲时指出："网络空间是人类共同的活动空间，网络空间前途命运应由世界各国共同掌握。各国应该加强沟通、扩大共识、深化合作，共同构建网络空间命运共同体。"② 2016年4月，习近平总书记出席第四届核安全峰会并发表主旨演讲，指出："在尊重各国主权的前提下，所有国家都要参与到核安全事务中来，以开放包容的精神，努力打造核安全命运共同体。"③ 2016年9月，习近平总书记出席G20杭州领导人峰会并发表重要讲话，指出："在经济全球化的今天，没有与世隔绝的孤岛。同为地球村的居民，我们要树立人类命运共同体意识。"④ 在这一阶段，习近平总书记进一步向世界阐释了构建人类命运共同体思想，构建人类命运共同体内涵日益丰富成熟，提出具体领域（网络、核安全等）命运共同体。

三、全面落实阶段

2017年1月至今是人类命运共同体思想全面落实阶段。2017年1

---

① 习近平. 开启中非合作共赢 共同发展的新时代——在中非合作论坛约翰内斯堡峰会开幕式上的致辞［N］. 人民日报，2015-12-05（2）.
② 习近平. 在第二届世界互联网大会开幕式上的讲话［N］. 人民日报，2015-12-07（2）.
③ 习近平. 加强国际核安全体系 推进全球核安全治理——在华盛顿核安全峰会上的讲话［N］. 人民日报，2016-04-03（2）.
④ 习近平. 中国发展新起点 全球增长新蓝图——在二十国集团工商峰会开幕式上的主旨演讲［N］. 人民日报，2016-09-04（3）.

月，习近平总书记出席达沃斯世界经济论坛并发表主旨演讲，再次强调："人类已经成为你中有我、我中有你的命运共同体，利益高度融合，彼此相互依存。"① 2017 年 1 月，习近平总书记在联合国日内瓦总部发表题为《共同构建人类命运共同体》的演讲，指出：人类正处于大发展大变革大调整时期。和平、发展、合作、共赢的时代潮流更加强劲。与此同时，人类也处于一个挑战层出不穷、风险日益增多的时代。中国在此背景下，提出了构建人类命运共同体，实现共赢共享的中国方案。构建人类命运共同体关键在于行动。国际社会要从伙伴关系、安全格局、经济发展、文明交流、生态建设等方面做出努力。这就要求世界各国要坚持对话协商，建设一个持久和平的世界；坚持共建共享，建设一个普遍安全的世界；坚持合作共赢，建设一个共同繁荣的世界；坚持交流互鉴，建设一个开放包容的世界；坚持绿色低碳，建设一个清洁美丽的世界。② 2017 年 5 月，习近平总书记出席首届"一带一路"国际合作高峰论坛并发表重要讲话，深入阐述了"一带一路"与构建人类命运共同体的关系。他强调，要在"一带一路"建设国际合作的框架内，各方秉持共商、共建、共享的原则，携手应对世界经济面临的挑战，开创发展新机遇，谋求发展新动力，拓展发展新空间，实现优势互补、互利共赢，不断朝着人类命运共同体方向迈进。人类命运共同体的核心理念是"合作共赢"，即倡导各国在追求本国利益的时候兼顾其他国家的合理关切，在谋求本国发展中促进各国共同发展。"一带一路"

---

① 习近平. 共担时代责任　共促全球发展——在世界经济论坛 2017 年年会开幕式上的主旨演讲 [N]. 人民日报，2017-01-18 (3).
② 习近平. 共同构建人类命运共同体——在联合国日内瓦总部的演讲 [N]. 人民日报，2017-01-20 (2).

建设不是另起炉灶、推倒重来，而是实现战略对接、优势互补，也是从人类命运共同体的理念出发，以共商共建共享为基本原则，以深化互联互通和构建伙伴关系为主要路径，以带动沿线国家共同发展为基本目标。"一带一路"建设把沿线各国人民紧密联系在一起，致力于合作共赢、共同发展，让各国人民更好共享发展成果，这与中国倡议共建人类命运共同体的重要目标一致。我们要乘势而上、顺势而为，推动"一带一路"建设行稳致远，迈向更好的未来。推进"一带一路"建设，必将为我们在新时代与各方携手共建"一带一路"，推动构建新型国际关系，共建人类命运共同体进一步指明了方向，注入了强劲动力。党的十九大报告指出："构建人类命运共同体，建设持久和平、普遍安全、共同繁荣、开放包容、清洁美丽的世界。"① 2017 年 9 月，习近平总书记出席新兴市场国家与发展中国家对话会并发表演讲，指出：新兴市场和发展中国家面临相似的发展任务，深化务实合作，发挥互补优势，能产生"一加一大于二"的积极效应。相关方应努力构建伙伴网络，建设各国发展共同体、命运共同体。② 2017 年 12 月，习近平总书记出席中国共产党与世界政党高层对话会并发表题为《携手建设更加美好的世界》的主旨演讲。他强调，今天人类生活的关联前所未有，同时人类面临的全球性问题也前所未有。世界各国人民前途命运越来越紧密地联系在一起。世界各国人民应该秉持"天下一家"的理念，彼此理解、求同存异，共同为构建人类命运共同体而努力。政党在国家政治生活中

---

① 习近平. 携手推进"一带一路"建设——在"一带一路"国际合作高峰论坛开幕式上的演讲［N］. 人民日报，2017-05-15（3）.

② 习近平. 深化互利合作促进共同发展——在新兴市场国家与发展中国家对话会上的发言［N］. 人民日报，2017-09-06（3）.

发挥着重要作用，也是推动人类文明进步的重要力量。各个政党都要顺应时代发展潮流，把自身国家同国家、民族、人类的发展紧密结合在一起。不同国家的政党应该增进互信、加强沟通、密切合作，探索在新型国际关系的基础上建立求同存异、相互尊重、互学互鉴的新型政党关系，搭建多种形式、多种层次的国际政党交流合作网络，汇聚构建人类命运共同体的强大力量。① 2018 年 4 月，习近平总书记在博鳌亚洲论坛2018 年年会上发表主旨演讲，呼吁各国人民齐心协力，努力构建人类命运共同体。他用五个"面向未来"进一步阐释人类命运共同体内涵。2018 年 6 月，习近平总书记出席上海合作组织成员国元首理事会第十八次会议时呼吁构建上海合作组织命运共同体，并提出五点建议："凝聚团结互信的强大力量；筑牢和平安全的共同基础；打造共同发展繁荣的强劲引擎；拉紧人文交流合作的共同纽带；共同拓展国际合作的伙伴网络。② 2018 年 9 月，习近平总书记在中非合作论坛北京峰会开幕式上发表主旨演讲指出：中非携手打造责任共担、合作共赢、幸福共享、文化共兴、安全共筑、和谐共生的命运共同体。③ 2018 年 12 月，习近平总书记在庆祝改革开放 40 周年大会上发表重要讲话，强调必须坚持扩大对外开放，不断推动构建人类命运共同体。④

自构建人类命运共同体思想提出以来，习近平总书记进行了一次又

---

① 习近平. 携手建设更加美好的世界——在中国共产党与世界政党高层对话会上的主旨演讲 [N]. 人民日报，2017-12-02（1）.
② 习近平. 开放共创繁荣 创新引领未来——在博鳌亚洲论坛 2018 年年会开幕式上的主旨演讲 [N]. 人民日报，2018-04-11（3）.
③ 习近平. 携手共命运，同心促发展——在二〇一八年中非合作论坛北京峰会开幕式上的主旨讲话 [N]. 人民日报，2018-09-04（2）.
④ 习近平. 在庆祝改革开放四十周年大会上的讲话 [N]. 人民日报，2018-12-19（2）.

一次的深入阐述，人类命运共同体内涵和外延得以逐步充实和扩展，提出从双边、区域、全球层面构建人类命运共同体倡议，覆盖政治、经济、安全、文明、生态、网络空间等诸多领域。构建人类命运共同体思想受到国际社会的广泛关注和认可。2017 年 2 月 10 日，联合国社会发展委员会第 55 届会议通过"非洲发展新伙伴关系的社会层面"决议，呼吁国际社会本着合作共赢和人类命运共同体精神，加强对非洲经济社会发展的支持。构建人类命运共同体首次被写入联合国决议中。2017 年 3 月 17 日，联合国安理会通过关于阿富汗问题的第 2344 号决议强调，应本着合作共赢精神推进地区合作，以有效促进阿富汗及地区安全、稳定和发展，构建人类命运共同体。2017 年 3 月 23 日，联合国人权理事会第 34 次会议通过了关于"经济、社会、文化权利"和"粮食权"两个决议，明确表示要"构建人类命运共同体"。2017 年 11 月 2 日，第 72 届联合国大会负责裁军和国际安全事务第一委员会会议将构建人类命运共同体思想写入其通过的"防止外空军备竞赛进一步切实措施"和"不首先在外空放置武器"的两份安全决议。

第四节　构建人类命运共同体思想的主要内涵

习近平总书记站在人类历史发展进程的高度，以大国领袖的责任担当，深入思考"建设一个什么样的世界、如何建设这个世界"等关乎人类前途命运的重大课题，并在不同场合对构建人类命运共同体进行了重要阐述，形成了科学完整、内涵丰富、意义深远的思想体系。构建人类命运共同体思想是马克思主义中国化的重要理论成果，丰富了中国特色社会主义理论体系内容，是习近平新时代中国特色社会主义思想的重要组成部分，是中国国际关系理论和中国外交理论的创新。"人类命运共同体，顾名思义，就是每个民族、每个国家的前途命运都紧紧联系在一起，应该风雨同舟，荣辱与共，努力把我们生于斯、长于斯的这个星球建成一个和睦的大家庭，把世界各国人民对美好的生活的向往变成现实。"① 构建人类命运共同体思想，是一个科学完整、内涵丰富、意义深远的思想体系，其核心是"建设一个持久和平、普遍安全、共同繁荣、开放包容、清洁美丽的世界"。政治建设、经济建设、安全建设、文化建设、生态建设构成构建人类命运共同体思想的"四梁八柱"。

一、政治层面

政治上，要相互尊重、对话协商，建立对话而不对抗、结伴而不结盟的伙伴关系，建设一个持久和平的世界。"国家和，则世界安；国家斗，则世界乱。"从公元前的伯罗奔尼撒战争到两次世界大战，再到延续 40 余年的冷战，教训惨痛而深刻。各国间构建平等相待、互商互谅、互学互鉴的伙伴关系是建设一个持久和平的世界的关键。伙伴关系是一种区别于对抗性、排他性的结盟关系的新型双边合作关系，按照相互尊重、相互沟通、求同存异、协商一致的原则建立一种互助合作、互惠互利、合作共赢的和谐关系。构建平等相待、互商互谅的伙伴关系需要大国处理好彼此间的关系，同时处理好与小国之间的关系。具体而言，

① 习近平. 弘扬"上海精神"，构建命运共同体——在上海合作组织成员国元首理事会第十八次会议上的讲话［N］. 人民日报，2018-06-11（3）.

"大国之间相处，要不冲突、不对抗、相互尊重、合作共赢。大国与小国相处，要平等相待，义利相兼，义重于利"。① 中国倡导的这种伙伴关系具有以下四个鲜明特征："一是寻求和平合作，中国倡导的伙伴关系不设假想敌，不针对第三方，致力于以共赢而非零和的理念处理国与国的交往，注重寻求各国共同利益的汇合点，为国际社会加强对话合作、避免冲突对抗提供了正能量。二是坚持平等相待。中国倡导的伙伴关系以各国平等为原则，尊重各国主权、独立和领土完整，尊重彼此的核心利益和重大关切，尊重各国人民自主选择社会制度和发展道路，为各国平等参与国际事务，推动国际关系民主化、法治化注入了新动力。三是倡导开放包容。中国倡导的伙伴关系顺应相互依存的世界大势，契合各国友好相处的普遍愿望，致力于在交流互鉴中取长补短，在求同存异中共同前进。四是强调共赢共享。赢者通吃或独善其身不但不合时宜，而且适得其反。中国倡导的伙伴关系，旨在通过合作做大利益的蛋糕，分享成功的果实，实现共同的发展繁荣。"②

二、安全层面

安全上，要坚持以对话解决争端、以协商化解分歧，坚持共建共享，建设一个普遍安全的世界。当今世界，安全的内涵和外延更加丰富，时空领域更加宽广，各种因素更加错综复杂。各国人民命运与共，

① 习近平. 携手构建合作共赢新伙伴　同心打造人类命运共同体——在第七十届联合国大会一般性辩论时的讲话 [N]. 人民日报, 2015-09-29 (2).
② 王毅. 中国提倡的伙伴关系具有四个鲜明特征 [EB/OL]. 中国外交部官网, 2017-03-20.

唇齿相依。随着经济全球化的深入发展，传统安全和非传统安全威胁相互交织，各国安全相互关联、彼此影响。就传统安全而言，领土领海争端复杂难解，地区冲突和局部战争时而发生。就非传统安全而言，经济危机、气候变化、恐怖主义、传染病、网络安全等问题日益突出和严峻。"安全是普遍的。不能一个国家安全而其他国家不安全，一部分国家安全而另一部分国家不安全，更不能牺牲别国安全谋求自身所谓绝对安全。"① 鉴此，世界各国应树立共同、综合、合作、可持续安全的新观念②，齐心协力，营造公平正义、共商共享的安全格局。共同安全就是要尊重和保障每一个国家的安全；综合安全就是要统筹维护传统领域和非传统领域的安全；合作安全就是通过对话合作促进各国和本地区安全；可持续安全就是要发展和安全并重以实现持久安全。树立这一新安全观，尊重和保障各国安全，形成一个共建共享的安全格局，建成一个普遍安全的世界，是破解当前世界安全问题的"总钥匙"，是构建人类命运共同体的必然要求。

三、经济层面

经济上，坚持开放创新、包容互惠、合作共赢，建设一个共同繁荣的世界。近年来，逆全球化思潮不断高涨，英国脱欧、意大利公投修宪失败、特朗普当选并扬言退出 WTO、欧洲难民危机引发的种族和文化

---

① 习近平 . 习近平谈治国理政［M］. 北京：外文出版社，2014：354.
② 习近平 . 积极树立亚洲安全观　共创安全合作新局面——在亚洲相互协作与信任措施会议第四次峰会上的讲话［N］. 人民日报，2014-05-22（2）.

冲突等逆全球化"黑天鹅"事件频发。贸易保护主义势头增强,如图2-6所示,2012—2018年期间,G20成员月均出台6项新的贸易限制措施。在全球经济复苏缓慢、贸易低迷的情况下,若贸易保护主义盛行,自由贸易就会陷入"囚徒困境",部分国家为保护本国产业而不惜牺牲他国利益,其他国家就会"以彼之道,还之彼身",从而引发贸易战。全球自由贸易制度安排正在经受重大考验,经济全球化格局发生着深刻复杂的变化。在此背景下,中国表示,坚定推进开放、包容、共享、均衡的自由贸易战略。习近平总书记指出:"我们要坚定不移发展全球自由贸易和投资,在开放中推动贸易和投资自由化便利化,旗帜鲜明反对保护主义。搞保护主义如同把自己关进黑屋子,看似躲过了风吹雨打,但也隔绝了阳光和空气。打贸易战的结果只能是两败俱伤。"① 发展是各国的第一要务,各国要同舟共济,而不是以邻为壑。构建人类命运共同体思想追求的是共同发展、共同繁荣。习近平总书记指出:"大家一起发展才是真发展,可持续发展才是好发展。要实现这一目标,就应该秉承开放精神,推进互帮互助、互惠互利。"② 中国就如何发展提出了自己的看法:"各国要加强宏观政策协调,兼顾当前和长远,着力解决深层次问题;要抓住新一轮科技革命和产业革命的历史性机遇,转变经济发展方式,坚持创新驱动,进一步发展社会生产力、释放社会创造力;要维护世界贸易组织规则,支持开放、透明、包容、非歧视性的多

---

① 习近平. 共担时代责任 共促全球发展——在世界经济论坛2017年年会开幕式上的主旨演讲 [N]. 人民日报,2017-01-18(3).

② 习近平. 共同构建人类命运共同体——在联合国日内瓦总部的演讲 [N]. 人民日报,2017-01-20(2).

边贸易体制，构建开放型世界经济。"①

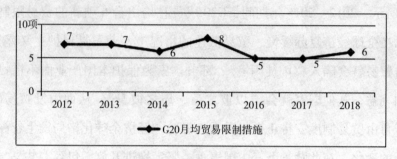

图 2-6　G20 月均贸易限制措施

数据来源：WTO. Report on G20 Trade Measures［EB/OL］. WTO 官网，2019-06-24.

四、文化层面

文化上，尊重世界文明多样性，促进和而不同、兼容并蓄的文明交流，建设一个开放包容的世界。"世界上有 200 多个国家和地区、2500 多个民族、多种宗教。不同历史和国情，不同民族和习俗，孕育了不同文明。"② 人类文明多样性是世界基本特征，也是人类进步的源泉。中国在多种场合提出了自己的文明观。第一，尊重世界文明多样性。"文明具有多样性，就如同自然界物种的多样性一样，一同构成我们这个星球的生命本源。"③ "一花独放不是春，百花齐放春满园"，任何一种文

---

① 习近平.共同构建人类命运共同体——在联合国日内瓦总部的演讲［N］.人民日报，2017-01-20（2）.

② 习近平.共担时代责任　共促全球发展——在世界经济论坛 2017 年年会开幕式上的主旨演讲［N］.人民日报，2017-01-18（3）.

③ 习近平.习近平谈治国理政：第二卷［M］.北京：外文出版社，2017：464.

明都具有独特的魅力和深厚底蕴，都是人类的精神瑰宝。第二，不同文明要平等相待。文明没有高下、优劣之分，只有特色、地域之别。各种人类文明在价值上是平等的。要平等对待各种文明，不应采取傲慢和偏见的态度，更不能人为引发文明冲突。第三，促进文明交流互鉴。"万物并育而不相害，道并行而不相悖"，"文明的繁荣、人类的进步，离不开求同存异、开放包容，离不开文明交流、互学互鉴。历史呼唤着人类文明同放异彩，不同文明应该和谐共生、相得益彰，共同为人类发展提供精神力量。"① 坚持不同文明之间的平等对话，以文明交流互鉴取代文明对抗和文明冲突，有利于促进世界各国和平共存，有利于将文明多样性和差异性转换为实现共同发展繁荣的推动力，还有利于各国人民享受更富内涵的精神生活、开创更有选择的未来。只有以文明交流超越文明隔阂、文明互鉴超越文明冲突、文明共存超越文明优越，才能真正构建各种文明共同繁荣的人类命运共同体。

五、生态层面

生态上，坚持环境友好，绿色低碳，构筑崇尚自然、绿色发展的生态体系，建设一个清洁美丽的世界。地球是人类的共同家园，也是人类到目前为止唯一的家园。习近平总书记在出席中国共产党与世界政党高层对话会开幕式时呼吁各国保护环境，共同致力于保护地球家园。他强调：我们应该共同呵护好地球家园，为了我们自己，也为了子孙后代。

---

① 习近平. 携手建设更加美好的世界——在中国共产党与世界政党高层对话会上的主旨演讲 ［N］. 人民日报，2017-12-02（1）.

应该坚持人与自然共生共存的理念，像对待生命一样对待生态环境，对自然心存敬畏，尊重自然、顺应自然、保护自然、共同保护不可替代的地球家园，共同医治生态环境的累累伤痕，共同营造和谐宜居的人类家园，让自然生态休养生息，让人人都享有绿水青山。① 人与自然共生共存，伤害自然最终将伤及人类，建设生态文明关乎人类未来。这要求世界各国：要敬畏自然、呵护自然，不能凌驾于自然之上；牢固树立尊重自然、顺应自然、保护自然的意识，明确"绿水青山就是金山银山"；要坚持走绿色、低碳、循环、可持续发展之路，平衡推进2030可持续发展议程；加强气候变化、环境保护、节能减排等领域的交流合作，共享经验、共迎挑战，不断开拓生产发展、生活富裕、生态良好的文明发展道路；要解决好工业文明带来的矛盾，以人与自然和谐相处为目标，实现世界可持续发展和人的全面发展。构筑尊崇自然、绿色发展的生态体系，实现人与自然和谐相处，是人类命运共同体的重要内涵。

第五节　构建人类命运共同体的路径

自构建人类命运共同体的宏伟蓝图被提出之后，如何将这一蓝图变为现实备受国际社会广泛关注。在构建人类命运共同体的实践中，各国要坚持走和平发展道路，推动建设新型国际关系；努力打造周边命运共同体；加强与发展中国家团结合作；深度参与全球治理，引领全球治理

---

① 习近平. 携手建设更加美好的世界——在中国共产党与世界政党高层对话会上的主旨演讲 [N]. 人民日报, 2017-12-02 (1).

体制变革；推进"一带一路"建设。

一、坚持走和平发展道路，推动建设新型国际关系

2013 年 3 月，习近平主席在莫斯科国际关系学院发表演讲时指出："各国应该共同推动建立以合作共赢为核心的新型国际关系，各国人民应该一起来维护世界和平、促进共同发展。"① 坚持走和平发展道路，维护世界和平、促进世界共同发展，是中国外交政策的宗旨。推动以合作共赢为核心的新型国际关系，是党中央根据国际形势变化和本国根本利益做出的战略选择。新型国际关系理念是对《联合国宪章》宗旨原则的继承和弘扬。建立新型国家关系核心是维护《联合国宪章》的宗旨和原则，维护不干涉别国内政和尊重国家主权、独立、领土完整等国际关系基本准则，维护联合国及其安理会对世界和平承担的首要责任，开展对话、合作而不是对抗，实现双赢、共赢而不是单赢。建立新型国际关系要求各国"以命运共同体为处理国际关系的共同目标，以共同利益为处理国家关系的重要基础，以共赢为处理国际关系的基本原则，以合作为处理国际关系的主要方式，建立平等相待、互谅互让的安全格局，谋求开放创新、包容互惠的发展前景，促进和而不同、兼收并蓄的文明交流"。② 建立新型国际关系适用于经济、政治、安全、文化等对外合作的方方面面。经济上，以合作促进发展，以相互依存的共赢发展

---

① 习近平. 顺应时代前进潮流　促进世界和平发展——在莫斯科国际关系学院的演讲［N］. 人民日报，2013-03-24（2）.

② 王毅. 世纪条约引领中俄关系发展新航程——纪念《中俄睦邻友好合作条约》签署十五周年［N］. 人民日报，2016-07-18（21）.

取代零和式发展，谋求开放创新、包容互惠的发展前景；政治上，建立对话而不对抗，结伴而不结盟的伙伴关系；安全上，树立共同、合作、综合、可持续的新安全观念，营造公道正义、共建共享的安全格局；文化上，相互欣赏、彼此包容、交流互鉴，促进和而不同、兼容并蓄的文明交流。

　　建立新型国际关系要按照大国是关键。大国关系主要包括中美关系、中俄关系、中国与欧盟关系，而中美关系是重中之重。就中美关系而言，美国是世界唯一超级大国、世界第一大经济体，综合实力和国际影响力处于领先地位，而中国是世界最大的发展中国家、世界第二大经济体，综合实力和国际影响力不断提升。两国关系不是简单的双边关系，牵连着全球和地区安全。构建良好的中美双边关系对于构建人类命运共同体至关重要。在此背景下，中美两国需要尊重彼此核心利益和重大关切，管控矛盾分歧，加强对话沟通，避免"修昔底德陷阱"成为自我实现的语言。就中俄关系而言，两国比邻，曾为盟友；但也存在历史恩怨和现实利益分歧。两国关系在各自外交安全和对外政策中占据优先地位。两国致力于进一步发展和巩固平等信任、相互支持、共同繁荣、世代友好的全面战略协作伙伴关系。发展中俄全面战略协作伙伴关系，是新时代中国外交战略的重要组成部分，也是构建人类命运共同体的重大战略举措。就中欧关系而言，中国与欧盟分别作为最大的发展中国家和最大的发达国家联合体，是维护世界和平的"两大力量"，是促进共同发展的"两大市场"，是推动人类进步的"两大文明"。欧盟是中国的第一大贸易伙伴，中国是欧盟的第二大贸易伙伴，双方经贸往来密切，利益交汇与日俱增。中欧双方应本着相互尊重、平等相待、求同存异、合作共赢的原则，建立和平、增长、改革、文明伙伴关系，为构建人类命运共同体做出自己的贡献。

二、努力打造周边命运共同体

习近平总书记在 2013 年 10 月召开的周边外交工作座谈会上强调，积极有为地做好周边外交工作，让命运共同体意识在周边国家落地生根。中央于 2014 年 11 月召开的外事工作会议再次强调，要切实抓好周边外交工作，打造周边命运共同体。近年来，中国在打造周边命运共同体方面做出了积极努力，提出打造中国—巴基斯坦、中国—越南、中国—哈萨克斯坦、中国—韩国、中国—吉尔吉斯斯坦、中国—柬埔寨、中国—缅甸、中国—印度尼西亚、中国—孟加拉国、中国—土库曼斯坦、中国—老挝等双边命运共同体，提出推动中国—东盟、中国—上海合作组织命运共同体、亚洲命运共同体、亚太命运共同体等地区命运共同体。

中国坚持与邻为善、以邻为伴的基本方针，坚持睦邻、安邻、富邻基本政策，坚持亲、诚、惠、容周边外交理念，增强对周边国家的亲和力、感召力、影响力，增强与这些国家命运与共的意识。中国积极倡导共同、安全、综合、合作、可持续的新安全观，搭建地区安全合作新框架，努力走出一条共建、共享、共赢的亚洲安全之路。中国高度重视发展与周边国家关系，重视管控分歧，抓大放小，维持合作共赢的大局。同时，中国坚持"底线思维"，在涉及国家主权和安全等重大核心利益问题上画出底线、捍卫底线。中国积极树立负责任大国形象，为解决周边热点问题积极做出努力。在朝核问题上，中国提出"双轨并行"（并行推进朝鲜半岛无核化和建立半岛和平机制两条轨道）思路和"双暂停"（朝鲜暂停核导活动、美韩暂停大规模军演）倡议，推动朝鲜半岛无核化进程，维护半岛和地区和平稳定；在南海问题上，中国坚持"双轨思路"（当事国通过谈判协商妥善解决争议，中国和东盟国家共同维护南海和平），全面有效落实《南海各方行为宣言》，推进相关方通过《南海行为准则》，实现南海稳定局面；在中亚，中国同中亚国家携手打击暴力恐怖势力、民族分裂势力、宗教极端势力，同时，积极在阿富汗和巴基斯坦之间进行外交斡旋，推动改善两国关系。

中国深化与周边国家的经贸合作，欢迎周边国家搭乘中国经济发展的"快车"，让本国发展成果惠及周边国家，促进共同发展和繁荣。中国积极推进"一带一路"建设，积极发展与周边国家经贸伙伴关系，打造政治互信、经济融合、文化包容的利益共同体、命运共同体、责任共同体。此外，中国还设立亚洲基础设施投资银行和丝路基金，促进"一带一路"沿线国家资金融通，周边国家是主要的受益对象，这些举措无疑有利于推动构建周边命运共同体。此外，中国还注重加强与周边国家进行文化交流，促进民心相通。通过发展国际教育（周边国家学生来华留学、中国学生赴周边国家学习），举办国际文化节，开展学术、教育、医疗卫生等方面交流，增进中国与周边国家民众间的了解，加强彼此间感情，为打造周边命运共同体奠定良好的民意基础。

三、加强与发展中国家团结合作

习近平总书记指出："广大发展中国家是我国在国际事务中的天然同盟军，要坚持正确义利观，做好同发展中国家团结合作的大文章。"①中国把发展中国家作为对外政策的基础，秉持正确义利观和真实亲诚理念加强同发展中国家合作。2013 年 3 月，习近平总书记出访非洲时提出真实亲诚理念，准确概括了新形势下中国秉持正确义利观的实质性内涵，指出中非关系的本质特征是真诚友好、相互尊重、平等互利、共同发展。此后，习近平总书记多次阐释正确义利观，使其内涵逐步充实、完善。所谓正确义利观，就是要在国际交往中用道义、正义、信义、情义、仁义等标尺衡量自身行为，不是不追求利益，而是追寻惠及人类的大利；不是不维护本国国家利益，而是在捍卫国家核心利益和底线的同时提倡将本国利益与他国利益有机结合，实现利己利人的美好局面。在同发展中国家交往中，正确义利观的内涵更为深刻，意味着从发展中大国的归属感和负责任大国的使命感出发，坚持道义为先，耐心倾听发展中国家的心声，重视他们的利益和需要，尽己所能伸出援手，切忌恃强凌弱、以大欺小，把本国私利凌驾于他国乃至全人类的共同利益之上。②

在正确义利观的指导下，中国应一如既往地积极推进与发展中国家

① 习近平. 坚持以新时代中国特色社会主义外交思想为指导　努力开创中国特色大国外交新局面 [N]. 人民日报，2018-06-24.

② 陈岳，蒲俜. 构建人类命运共同体 [M]. 北京：中国人民大学出版社，2017：64.

关系并不断取得新进展，全面提升与非洲、拉美、广大阿拉伯国家以及太平洋岛国的友好合作关系。中国与广大发展中国家携手打造发展中国家命运共同体。就中非关系而言，中国坚持政治上平等互信、经济上合作共赢、文明上交流互鉴、安全上守望相助、国际事务中团结协作，建设中非全面战略合作伙伴关系。当前，中非关系处于历史最好时期，中非一道共筑更加紧密的中非命运共同体。就中拉关系而言，中国坚持政治上真诚互信、经贸上合作共赢、人文上互学互鉴、国际事务中密切协作、整体合作和双边关系相互促进，建设中拉全面合作伙伴关系，共建中拉命运共同体。就中阿关系而言，和平合作、开放包容、互学互鉴、互利共赢是双方关系发展的重要特征。中国重视发展同阿拉伯国家关系，提出坚持"四个不动摇"：一是支持中东和平进程，维护阿拉伯民族合法权益的立场不动摇；二是全力推动政治解决，促进中东和平稳定的方向不动摇；三是全力支持自主探索发展道路，帮助阿拉伯国家发展的理念不动摇；四是推进文明对话，倡导文明新秩序的价值追求不动摇。[①] 阿拉伯国家处于"一带一路"建设的西端交会地带，中阿通过共建"一带一路"，打造中阿利益共同体、命运共同体。就太平洋岛国而言，中国数十年来坚持相互尊重、相互支持、真诚友好、互利合作、共同发展，致力于打造与太平洋岛国的战略伙伴关系。中国欢迎太平洋岛国搭乘中国经济发展快车，加强各领域交流合作，实现共同发展繁荣。

---

① 人民日报．习近平会见出席中阿合作论坛第六届部长级会议的阿拉伯国家代表团团长［N］．人民日报，2016-06-06（1）．

四、深度参与全球治理，引领全球治理体制变革

随着全球化深入发展，全球性挑战日益增多且严峻，加强全球治理日益突显。全球治理机制，是指主权国家、国际组织、非政府组织等国际关系行为体为解决全球性问题、增进人类共同利益而建立的管理国际社会公共事务的制度、规范、机制和活动。① 现行全球治理体制合法性和代表性不足，自 2008 年金融危机以来，国际社会要求对其进行改革的呼声日益高涨。2015 年 10 月，习近平总书记明确提出"共商共建共享"的全球治理理念。共商就是在全球治理的进程中集思广益，强调世界各国共同参与，倡导国际关系民主化；共建就是在全球治理的进程中通力合作、各尽其能，强调世界各国发挥各自优势；共享就是共同享受全球治理的成果，让全球治理的成果更公平地惠及世界各国和人民。联合国于 2017 年 9 月第 71 届大会将"共商共建共享"列入会议决议，成为国际共识。

近些年，中国积极参与全球治理体制改革，贡献智慧和力量。首先，在经济治理方面，2016 年 9 月，习近平总书记在 G20 杭州峰会期间，系统阐释了以平等为基础、以开放为导向、以合作为动力、以共享为目标的全球经济治理观，并提出了合作重点领域和任务，为完善全球经济治理体系描绘了路线图。本次峰会通过的《二十国集团领导人杭州峰会公报》融汇了中国提出的"五大发展理念"（创新发展、协调发展、绿色发展、开放发展、共享发展五大理念），体现了中国为推动解

---

① 陈岳，蒲俜. 构建人类命运共同体［M］. 北京：中国人民大学出版社，2017：83.

决世界经济增长面临的问题、完善全球经济治理而提出的主张。这些主张获得 G20 成员的支持，上升为国际共识。2017 年 1 月，习近平总书记出席达沃斯世界经济论坛并发表主旨演讲，提出打造富有活力的增长模式、开放共赢的合作模式、公正合理的治理模式、平衡普惠的发展模式，为促进世界经济发展贡献中国方案。他同时提出全球治理体系只有适应国际经济格局新要求，才能为全球经济提供有力保障。然而，当今国际力量对比发生深刻变化，现有国际治理体系并未对此做出体现，其合法性和代表性明显不足。其次，在安全治理方面，中国坚定维护联合国为核心的国际体系，坚定维护《联合国宪章》宗旨和原则，坚定维护联合国权威和地位及其在国际事务中的核心作用。中国一贯重视支持联合国改革，采取实际行动（设立中国—联合国和平与发展基金、加入联合国维和能力待命机制等）提升联合国全球治理能力。此外，中国还积极推动国际地区热点问题解决，贡献中国方案。中国在朝核问题、伊核问题、叙利亚问题、乌克兰问题等发挥了积极作用。中国积极参与国际反恐合作，在亚丁湾、索马里执行护航任务。再次，在发展领域，中国积极参与联合国的发展议程，率先发布了《中国落实 2030 年可持续发展议程国别方案》。在中国推动下，G20 杭州峰会通过了《二十国集团落实 2030 年可持续发展议程行动计划》。此外，中国积极推动环境治理，推动相关方达成并落实气候变化《巴黎协定》。在特朗普退出该协定之后，中国继续积极支持联合国应对气候变化的国际合作，签署气候变化公约，批准《名古屋议定书》等。最后，在新兴领域治理方面，中国提出要积极参与网络、极地、深海、外空等新兴领域规则制定。中国自 2014 年起每年举办世界互联网大会，提出全球互联网治理的中国方案，强调坚持尊重网络主权、维护和平安全、促进开放合作、构建良好秩序四项原则，并提出加快全球网络基础设施建设、打造网络文化交流共享平台、推动网络经济创新发展、保障网络安全、构建互联网治理体系五项主张。

在共商共建共享的全球治理理念的指导下，中国应继续积极推动全球治理体系改革，使其更加适应当前国际环境，有效应对全球性问题，构建人类命运共同体，建设一个美好世界。

五、推进"一带一路"建设

"一带一路"倡议是中国深刻思考人类前途命运及中国和世界发展大势所提出的宏伟构想和中国方案。"一带一路"倡议"秉持和平合作、开放包容、互学互鉴、互利共赢的理念，全方位推进务实合作，打造政治互信、经济融合、文化包容的利益共同体、命运共同体和责任共同体"。[①] 2017 年 5 月，习近平总书记指出："一带一路"倡议的初衷，就是希望实现沿线各国优势互补、互利共赢，不断朝着人类命运共同体方向迈进，也希望通过这一倡议实现人类命运共同体的最高目标。同年12 月，习近平总书记再次强调，提出"一带一路"倡议，就是要实现人类命运共同体。

把"一带一路"宏伟蓝图变成现实需要做好"五通"文章即政策沟通、设施联通、贸易畅通、资金融通、民心相通。推进"一带一路"

---

① 中华人民共和国国家发展改革委，外交部，商务部. 推进共建丝绸之路经济带和21世纪海上丝绸之路的愿景与行动［N］. 人民日报，2015-03-29（4）.

建设是构建人类命运共同体的重要路径和伟大实践。第一，政策沟通是"一带一路"建设的重要保障。中国与沿线各国进行政府间宏观政策沟通交流，可以增强沿线国家对这一重大倡议的了解和认可，消除误解。许多国家因此转变对"一带一路"倡议的态度，从观望到参与、从被动感受到积极推动。截至2018年年底，中国已累计同122个国家、29个国际组织签署了170份政府间合作文件，"一带一路"朋友圈遍布亚洲、非洲、欧洲、大洋洲、拉丁美洲。"一带一路"相关内容也被纳入联合国大会、联合国安理会、APEC、亚欧会议等重要决议或文件。通过政策沟通，"一带一路"倡议成为国际共识，人类命运共同体理念也会日益深入人心。第二，基础设施互联互通是"一带一路"倡议的优先领域。推进"一带一路"沿线基础设施建设将打通从太平洋到波罗的海的运输大通道，逐步形成连接东亚、西亚、南亚的交通运输网络，为沿线国家经济发展和人员往来提供便利，有利于推动世界经济复苏，有利于改善沿线国家民生，从而为构架人类命运共同体奠定物质基础。第三，贸易畅通是"一带一路"建设的重点内容。沿线各国通过消除贸易投资壁垒，促进贸易投资自由化便利化，促进各国经济发展，惠及当地百姓，形成利益命运共同体，最终成为命运共同体。2013—2018年，中国与"一带一路"沿线国家进出口总额达64691.9亿美元，建设境外经贸合作区82个，新签对外承包工程合同额超过5000亿美元，为当地创造24.4万就业岗位，上缴东道国税收累计20.1亿美元。① 第四，资金融通是"一带一路"建设的重要支撑。加强沿线国家金融合作，促进货币流通和资金融融通，能够为沿线国家创造稳定的金融环境，提

① 数据来源：数说"一带一路"成绩单 ［EB/OL］. 中国一带一路网，2019-02-08.

升沿线地区经济国际竞争力。积极推进亚投行、金砖国家新开发银行、丝路基金、上海合作组织开发银行等金融机构的建立，并开展金融合作，加强金融监管，增强抵御金融风险能力。沿线国家通过强化资金融通，为构建人类命运共同体提供金融支持。第五，民心相通是"一带一路"建设的社会根基。沿线国家通过开展文化交流、学术往来、人才交流合作、医疗合作、媒体合作、青年和妇女交往、志愿服务等，推动文明交流互鉴，促进各国人民相互了解和认可，为构建人类命运共同体奠定坚实的民意基础。

构建人类命运共同体不是朝夕之功，不是敲锣打鼓就能实现的。它是一项长期而艰巨的任务，需要几代人付出艰辛努力。正如习近平总书记所言："构建人类命运共同体是一个美好的目标，也是一个需要一代又一代人接力跑才能实现的目标。中国愿同广大成员国、国际组织和机构一道，共同推进构建人类命运共同体的伟大进程。"①

---

① 习近平.共同构建人类命运共同体——在联合国日内瓦总部的演讲［N］.人民日报，2017-01-20（2）.

第三章

亚太经济一体化发展历程

　　1989 年 APEC 的成立拉开了亚太经济一体化的序幕，至今亚太经济一体化走过了 30 余年的风雨历程。亚太经济一体化的形成与 20 世纪世界政治经济形势的发展以及亚太经济体的获利选择密切相关。至今，亚太经济一体化经历了三个阶段：APEC 主导阶段（1989—1997 年）；东盟主导阶段（1997—2008 年）；亚太地区形成了 TPP/CPTPP 与 RCEP 两大机制并存，同时酝酿推动 FTAAP 的局面（2008 年至今）。

第一节　亚太经济一体化产生背景

　　"二战"后，全球多边贸易体制形成并发展，世界市场和亚太区域市场开放程度不断加深，太平洋东西两岸形成一种需求——生产市场的相互依赖关系，区域内贸易联系加强，为亚太经济一体化的形成提供了便利的条件和有利环境。世界范围内区域经济一体化的发展和区域贸易协定（RTAs）/自由贸易协定（FTAs）全球范围内兴起，加之多边贸易谈判陷入僵局，亚太经济体转向商签 FTA，亚太经济一体化得以推进。此外，20 世纪 80 年代中后期，美苏关系缓和使得国际环境朝和平的方向发展，为亚太区域经济一体化的开展提供了有利的环境。

一、世界市场和亚太区域市场日益开放

1948 年 1 月 1 日，《关税与贸易总协定》（*General Agreement on Tariffs and Trade*，简称 GATT）生效，全球多边贸易体制由此诞生。GATT 最重要的活动就是组织多边贸易谈判。在 GATT 框架下，相关方共完成八轮谈判，各缔约方关税大幅度降低，非关税壁垒也得到一定程度的限制，有力地推动了国际贸易的发展。此外，缔约方在国际贸易和投资领域达成诸多协定，从更广泛的领域和更深的层次上推动了世界贸易的增长和世界经济的发展，促进了开放的世界统一大市场的形成。发达缔约方加权平均关税从 1947 年的 35% 降至 4% 左右，发展中缔约方的平均税率降至 12% 左右。世界贸易总额从 1950 年的 607 亿美元增加到 1995 年的 43700 亿美元，增速超过了世界生产的增速。①

1995 年 1 月 1 日，WTO 的成立及顺利运行标志着多边贸易体制框架形成。WTO 为各种协议相关事务的处理和发起多边贸易谈判提供了场所。在 WTO 的组织下，各成员方于 1995—1997 年间先后达成了《基础电信服务协议》《信息技术协议》《金融服务协议》。世界贸易自由化领域由此从货物贸易领域向服务贸易领域延伸。WTO 设立了环境、投资、竞争政策、贸易便利化、贸易与技术转让、政府采购透明度以及贸

---

① 池元吉，李晓 . 世界经济概论（第三版） ［M］. 北京：高等教育出版社，2013：194.

易、债务和财政等工作组，推动相关领域进一步规范工作。2001 年 11月，WTO 启动新一轮多边贸易谈判即多哈回合谈判。WTO 在制定和完善国际经贸规则，进一步推动贸易投资自由化便利化，促进世界经济进一步开放等方面发挥了积极作用。

随着多边贸易体制的发展，世界市场开放程度不断加深，越来越多的国家加入，实行开放发展的经济政策，为资本流动和产业转移提供了便利条件，因此亚太地区形成了开放的区域市场，为亚太经济一体化的形成提供了便利的条件和有利的外部环境。

二、亚太区域内贸易联系不断加强

随着世界市场和亚太区域市场的开放不断深化，北美资本流向东亚，再由东亚先发展的经济体流向后发展的经济体，产业转移伴随资本流动而扩散，形成梯度链接（滚雪球效应或竹节式增长）。[①] 20 世纪50—60 年代，美国将钢铁、纺织等传统产业向日本转移，日本成为继英国、美国之后的第三个"世界工厂"。20 世纪 70—80 年代，日本向亚洲"四小龙"投资和转让技术，助推了亚洲"四小龙"经济高速发展，东亚地区形成了以日本为"雁首"的"雁行"增长带。20 世纪 90年代以后，日本、"四小龙"、美国向中国大陆和东盟投资，中国成为世界制造业大国。经过三次产业转移，亚太地区工业生产率提升，不同经济体之间的经济联系得以加强，该地区的经济发展也得到了极大的推动。东亚成为世界出口中心，美国成为东亚最大的出口市场，太平洋东

---

① 张蕴岭. 亚太经济一体化的进程与前景 [J]. 国际经济合作，2017（7）：5.

西两岸形成一种需求——生产市场的相互依赖关系。

亚太地区的经济发展扩大了区域内贸易，增强了区域内各经济体之间的贸易往来，为地区经济合作提供了驱动力。亚太地区内部贸易比例维持较高水平，以 APEC 为例，APEC 货物贸易出口总额从 1989 年的 1.2 万亿美元增至 2018 年的 9.6 万亿美元，增长 8 倍；同期 APEC 区域内货物贸易出口增长 8 倍，区域内货物贸易出口额占货物贸易出口总额的比例由 1989 年的 69% 略升至 2018 年的 70%。APEC 货物贸易进口总额从 1989 年的 1.3 万亿美元升至 2018 年的 9.9 万亿美元，增长 7 倍多；同期 APEC 区域内货物贸易进口额从 0.9 万亿美元升至 6.8 万亿美元，增长 7 倍多。[1] 同时，亚太各成员在区域内贸易额占其对外贸易总额的比重较高。拿中国和美国来说，2018 年，美国前十大进出口贸易伙伴有五个在亚太地区，包括中国、加拿大、墨西哥、日本、韩国。[2] 中国的十大进出口贸易伙伴包括美国、日本、韩国、中国台湾、越南、澳大利亚、马来西亚七个亚太地区成员。[3] 亚太地区经济的发展，区域内贸易联系加强，在一定程度上促进了地区经济合作。

三、世界范围内区域经济一体化的发展

世界范围内区域经济一体化的发展和 RTA/FTAs 全球范围内的兴起推动了亚太区域经济合作。自 1951 年欧洲煤钢共同体成立到 2009 年年

---

① APEC Policy Support Unit. APEC in Charts 2019 [EB/OL]. APEC, 2019.

② 美国商务部经济统计局。

③ coowor 官网。

底《里斯本条约》签署的50多年时间里,欧洲先后实现了关税同盟、统一大市场、经济与货币联盟、政治联盟。欧洲区域一体化如火如荼地进行成为促进亚太区域经济合作的外部动力。北美区域经济一体化也取得了显著成绩,1994年1月1日,《北美自由贸易协定》(NAFTA)正式生效。NAFTA的成立对区内成员的经济发展产生了巨大的影响,对区外的经济体和合作伙伴国产生了积极的示范效应。此外,20世纪90年代后,世界各国积极构建自己的FTA体系,各种类型RTA/FTAs在世界范围内兴起。如图3-1所示,截至2019年年底,WTO成员向其通报的RTAs数量达696个,其中生效的RTAs数量达481个。在这种背景下,亚太地区重要成员为了顺应形势发展,一方面积极推动本地区经济合作,另一方面积极铺设自己的FTA网络,以减轻对欧美市场严重依赖造成的巨大冲击力,亚太区域经济合作也因此得到发展。

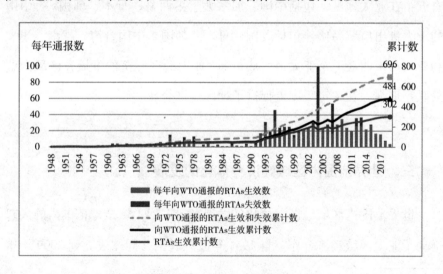

图3-1　全球FTAs签订情况

数据来源:WTO RTAs数据库。

注：RTAs 通报数：分别计算货物贸易协定、服务贸易协定和加入协定。累计行显示特定年份 RTAs 生效累计数或向 WTO 通报累计数。生效的 RTAs 通报按生效年份显示，失效的 RTAs 通报按失效年份显示。

四、多边贸易谈判陷入僵局

多边贸易体制进程受阻促使亚太各成员寻求区域经济合作。"二战"后，世界经济一体化与区域经济一体化平行发展，两者相互促进，又相互制约。一般而言，当世界经济一体化发展顺利时，世界各国都热衷参与其中。然而，当世界经济一体化进程受阻，停滞不前时，世界各国又把视线转移到区域经济一体化上，积极投身于区域经济合作。近年来，WTO 为主导的多边贸易谈判步履维艰。2001 年 11 月 14 日，WTO 启动第一轮多边贸易谈判——多哈回合谈判。谈判各国在农业补贴和非农产品市场准入上存在巨大分歧，难以达成共识。谈判主要成员亦受制于国内巨大压力，缺乏做出重大贸易开放承诺的能力，谈判以失败告终。与多边贸易谈判相比，区域经济合作谈判涉及的成员较少，敏感问题也相对集中，谈判更容易成功。因此，WTO 各成员开始转向区域经济合作领域。具体到亚太地区，多边贸易谈判失败和 APEC 茂物目标未能如期实现导致各成员投身到区域合作领域，积极构建区域经济合作体系。如图 3-2 所示，截至 2018 年年底，APEC 成员签订的 FTA 数量由 8 个升至 189 个，其中 168 个已生效。成员内部签订的 FTA 数量增长 24 倍，达 71 个，其中 64 个已生效。

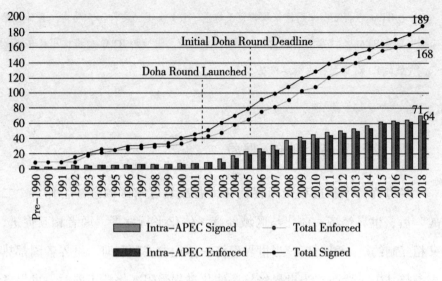

图 3-2 APEC 成员 FTA 签订情况

资料来源：APEC Policy Support Unit. APEC in Charts 2019 ［EB/OL］. APEC 官网，2019-12.

五、美苏争霸趋于缓和

20 世纪 80 年代中后期，美苏争霸趋于缓和，两国关系得到改善。美苏两国首脑举行多次会晤，对话内容的广度和深度前所未有。两国裁军谈判取得了一定的进展，于 1987 年签署了《美苏关于消除两国中程导弹的条约》，决定销毁各自的中程和中短程导弹。此外，两国还就削减战略核武器问题进行了交涉。苏联在改善与美国关系的同时，也积极改善与欧洲国家的关系。苏联通过倡导"全欧大厦"的主张，改善与西欧国家的紧张关系，承认历史上对某些东欧国家的错误政策，主动从东欧国家撤军，改善与东欧国家的关系。这一时期，苏联恢复与中国关系正常化，减少了对第三世界国家的干预，从阿富汗撤军，其盟友越南也从柬埔寨撤军。

美苏关系缓和使得国际环境朝和平的方向发展，为亚太区域经济一体化的开展提供了有利的环境。美苏冷战期间，苏联与亚太地区大国之间的关系恶化，在一定程度上阻碍了亚太区域经济合作的开展。受苏美和苏中关系的影响，苏联参与亚太区域经济合作的可能性不大，这就迫使一些亚太国家面临站队的选择。这些国家担心参与亚太区域经济合作会招致苏联的不满，因此表现得并不积极。而美苏关系的缓和，直至冷战的结束，消除了亚太地区国家的两难选择，为其积极参与 APEC，投身于亚太区域经济合作提供了相对宽松的环境。

第二节 亚太经济一体化发展历程

随着亚洲各国经济的腾飞、经济相互依赖性的增强，亚太地区经济合作迅速发展，成为亚洲经济发展的一大亮点。亚太区域经济合作的想法源于 20 世纪 60 年代初，一些有识之士提出了太平洋经济合作的构想并推动组建了相关团体。1967 年，太平洋盆地经济理事会（Pacific Basin Economic Council，简称 PBEC）成立。次年，太平洋贸易发展会议（Pacific Trade and Development Conference，简称 PAFTAD）成立。受1973—1975 年第一次石油危机的影响，亚太地区经济合作陷入停滞状态。到了 20 世纪 70 年代末，随着亚太尤其东亚地区成员的经济迅速发展，世界经济增长中心向亚太地区转移，亚太地区经济合作复苏。1980年，太平洋合作委员会（Pacific Cooperation Committee，简称 PCC）成立，该组织于 1983 年改名为太平洋经济合作会议（Pacific Economic Co-operation Conference，简称 PECC），于 1992 年又改名为太平洋经济合作理事会（Pacific Economic Cooperation Council，简称 PECC）。但是，亚太区域经济合作并没有实质性进展。进入 20 世纪 80 年代后期，亚太地区贸易和投资活跃，各国经济相互依赖程度加深，亚太经济合作框架日益成熟。"太平洋经济共同体""环亚太经济圈"等概念和倡议应运而生。PBEC 和 PECC 等论坛的讨论和合作活动推动了亚太区域经济合作。1988 年 7 月，澳大利亚、新西兰签署《澳新紧密经济关系协定》（the Australia-New Zealand Closer Economic Relations Trade Agreement，简称 ANZ-CERTA）。1989 年 11 月，第一届亚太地区部长级会议举行，亚太地区 12 个国家的外交、经贸部长出席了会议，APEC 由此诞生。APEC 的成立拉开了亚太经济一体化的序幕。至今，亚太经济一体化经历了三个阶段：APEC 主导阶段（1989—1997 年）；东盟主导阶段（1997—2008 年）；亚太地区形成了 TPP/CPTPP 与 RCEP 两大机制并存，同时酝酿推动 FTAAP 的局面（2008 年至今）。

一、APEC 主导阶段

20 世纪 90 年代，亚太经济一体化主要依托 APEC 相关活动不断推进。APEC 是 20 世纪 90 年代亚太经济一体化的主要机制，以开放的地区主义为指导思想。1991 年 APEC 汉城部长会议宣言指出，APEC 的目的是促进地区发展、推进和加强多边贸易。宣言对开放的地区主义给予正式认可，强调以平等、协商、渐进方式推动地区经济合作。① 开放的地区主义主张坚持非歧视原则，不搞封闭、排外的传统区域经济合作，不歧视其他地区的经济一体化，其成果对本区域内外组织或国家均开放。APEC 作为一种无歧视性和排他性的区域经济合作组织在实践中逐步形成了一套独特的运行机制，被称为"APEC 方式"。首先，开放性。APEC 对本地区经济体一视同仁，不论其政治、经济、历史、文化状况如何，只要其申请加入，都予以平等接纳。APEC 贸易和投资自由化成果既适用于成员，也适用于非成员。其次，尊重成员的多样性，采取区别对待的原则。APEC 考虑到成员之间的差异性，尊重各成员的各自情况，在贸易投资自由化进程的安排上实行区别对待，照顾到各成员的承受能力。最后，自主自愿，协商一致。APEC 在制定决策的过程中采取"自主自愿，协商一致"的原则。APEC 任何重大决策都通过高级官员会议、部长级会议、领导人非正式会议三个层次进行协商，达成一致，协商结果不具有法律约束力，只具有道义上的约束性。自 APEC 成立到1997 年亚洲金融危机爆发前，APEC 主导亚太经济一体化进程。截至2019 年，APEC 已经运行 30 年，在推进贸易投资自由化便利化和经济技术合作等领域取得了显著成效。APEC 在发展的不同阶段都取得了一定成绩。②

（一）机制初建阶段（1989—1993 年）

创建初期，APEC 召开了几次重要会议，确立了组织形式、宗旨、

---

① APEC. Joint Statement［EB/OL］. APEC 官网，1991-11-12.

② 庄芮，张国军. 亚太经合组织三十年发展回顾与展望［J］. 海外投资与出口信贷，2019（1）：20-23.

目标、合作原则等。1991 年，APEC 韩国部长级会议通过被称为"APEC 临时章程"的《汉城宣言》，确定了组织目标、活动范围、运行方式等。该宣言阐明，APEC 旨在促进亚太地区和世界经济增长，加强成员间经济联系，建立和巩固多边贸易体制，降低贸易和投资壁垒。APEC 坚持互利、开放、协商一致的原则，开展以下活动：促进成员沟通交流，减少分歧，促进增长；促进货物、服务、投资在亚太地区和世界范围内流动；促进亚太地区贸易投资自由化便利化和经济技术合作；加强成员在环境、能源、旅游等领域的合作。① 随后，APEC 逐步建立起一套相对完整的组织机构，包括领导人非正式会议、部长级会议、高官会、委员会和工作组。

（二）加速发展阶段（1994—2004 年）

1994 年，APEC 在印度尼西亚举行的领导人非正式会议确定"茂物目标"，规定发达国家不迟于 2010 年、发展中国家不迟于 2020 年实现贸易和投资自由化便利化。在 APEC 发展进程中，茂物目标具有重要的里程碑意义。1995 年在日本举行的 APEC 领导人非正式会议发布《大阪行动议程》，指明了实现茂物目标的一般原则和具体行动。一般原则涉及九项：全面性；与 WTO 相一致性；可比性；非歧视性；透明度；维持现状；同时启动、持续进程和不同的时间表；灵活性；加强经济技术合作。具体行动包括：各成员为实现贸易投资自由化而需要在 15 个领域里采取的行动；加强经济技术合作的 13 个领域的共同政策概念、联合行动和对话。② 1996 年，APEC 在菲律宾举行领导人非正式会议，

---

① APEC. Seoul APEC Declaration [EB/OL]. APEC 官网，1991-11-12.
② APEC. 1995 Leaders' Declaration [EB/OL]. APEC 官网，1995-11-19.

提出了实现茂物目标的具体行动计划——《马尼拉行动计划》。①

这一时期，APEC 各成员积极落实《大阪行动议程》中实现茂物目标的各领域行动计划，极大地推进了该组织框架下的贸易投资自由化和经济技术合作。

首先，APEC 贸易投资自由化进展显著。APEC 成员的最惠国（MFN）平均税率从 1996 年的 10.7%，下降到 2004 年的 8%；此间，APEC 非关税措施削减主要集中在进口许可证、出口补贴、进出口数量限制、配额、最低进口价格等方面。同时，APEC 各成员努力搭建吸引外资的法律和政策框架，如越南于 2000 年 7 月颁布了《外国投资法实施细则》。

其次，贸易投资便利化取得明显成效。2001 年，APEC 在中国上海举行的贸易部长会议确定了贸易便利化原则，包括透明度、交流与咨询、非歧视、合法程序等，并附以相关说明性范例作为规范和指导成员具体行动的基本纲领。② 同年举行的 APEC 领导人非正式会议通过《上海共识》，要求 2006 年前实施贸易便利化原则，以使本地区的交易成本下降 5%。③ 此后，APEC 于 2002 年通过《贸易便利化行动计划》（*Trade Facilitation Action Plan*，简称 TFAP Ⅰ），明确了使交易成本降低 5%的目标。又于 2003 年通过《贸易便利化行动和措施清单》，进一步明确了贸易便利化合作的重点领域及合作措施。到 2004 年，APEC 成

---

① APEC. 1996 Leaders' Declaration［EB/OL］. APEC 官网，1996-12-25.
② APEC. 2001 APEC Ministerial Meeting［EB/OL］. APEC 官网，2001-10-17.
③ APEC. Shanghai Accord［EB/OL］. APEC 官网，2001-10-21.

员完成了 809 个选中实施的项目，占选中总项目数的 58%。①

最后，APEC 经济技术合作成果丰硕。1996 年，APEC 马尼拉部长级会议发表了第一个专门针对经济技术合作的文件——《APEC 加强经济合作与发展的框架宣言》，确立了经济技术合作的六个优先领域。1998 年 4 月，APEC 成立了高官经济技术合作分委会（SOM Sub-Committee on Economic and Technical Cooperation，简称 ECOTECH），负责监管经济技术合作计划的实施，该机构于 2002 年被升格为"高官经济技术合作委员会"（SOM Committee on Economic and Technical Cooperation，简称 ESC）。1999 年，APEC 通过经济技术合作加权矩阵（Ecotech Weightings Matrix），帮助各论坛和预算管理委员会评估经济技术合作项目的重要性。2000 年，APEC 建立了"经济技术合作信息交流中心"（Ecotech Clearing House），以增强经济技术合作方面的信息交流。2001 年，APEC 通过了《经济技术合作行动计划》（*Ecotech Action Plans*，简称 EAPS）；同年提出E-APEC战略，将"为完善市场结构创造环境，为促进基础设施投资、技术发展创造环境，加强人力资源能力建设和弘扬企业家精神"作为支撑新经济发展的三大支柱。② 2004 年，APEC 更新了合作项目评估体系，用质量评估框架（Quality Assessment Framework，简称 QAF）的评估体系取代了经济技术合作加权矩阵。

在此期间，APEC 合作议题也由经济领域向非经济领域不断拓展。2001 年受美国"9·11"事件影响，APEC 开始关注反恐和安全合作，

---

① 刘晨阳. APEC 二十年——成就、挑战、未来［M］. 天津：南开大学出版社，2010：66.

② APEC. 2001 APEC Ministerial Meeting［EB/OL］. APEC 官网，2001-11-17.

发表了《反恐宣言》。2002 年又发表了《打击恐怖主义，推动经济增长的宣言》《关于 APEC 成员近期恐怖主义活动的宣言》等。2003 年，在"非典"影响背景下，APEC 发表了《健康安全宣言》，从而使健康安全也进入了 APEC 议题。

（三）茂物目标中期评估阶段（2005—2010 年）

由于茂物目标设定的第一个时间表日益临近，故 APEC 在这一阶段开始着手对其执行情况进行中期评估，并继续推进贸易投资自由化便利化和经济技术合作。但与上一阶段相比，这个时期 APEC 的进展明显趋缓。

2004 年，APEC 启动了对茂物目标的中期评估工作。2005 年，APEC 韩国部长级会议通过了《茂物目标实施过程的中期评估——实现茂物目标的釜山路线图》，对贸易投资自由化和便利化的 15 个领域进行了评估。"釜山路线图"指出了 APEC 在降低贸易和投资壁垒、加强政策透明度、促进经济增长上发挥的积极作用，同时指出了 APEC 需要努力的方向：支持并推动多边贸易体制多哈回合谈判进程，为实现茂物目标创造条件；加强单边行动计划（Individual Action Plans，简称 IAPs）/集体行动计划（Collective Action Plans，简称 CAPs），更新 CAPs，强化 IAPs 以及同行审议机制；提高 RTA/FTAs 的质量，推进实现茂物目标；通过贸易便利化、知识产权、中小企业等领域的合作，改善贸易投资环境，解决关税减让和限制非关税措施的使用范围等焦点问题，确保茂物目标的完成；进一步加强能力建设；继续推行探路者方式，发达或有优势的成员率先实行部门自由化，带动 APEC 整体进程。[①]

2006 年，APEC 越南部长级会议通过了《关于执行〈釜山路线图〉的河内行动计划》，规定了成员为执行"釜山路线图"在五个领域的具体措施，内容包括：支持多边贸易体系，加强 IAPs/CAPs，促成高质量的 RTA/FTAs，推动实现釜山商务议程和经济技术合作。该计划还强调了开展能力建设活动的重要性。[②] 2010 年，APEC 对五个发达成员（美国、加拿大、日本、澳大利亚、新西兰）茂物目标执行情况进行了评估，8 个发展中成员（中国香港、中国台湾、韩国、马来西亚、新加坡、墨西哥、智利、秘鲁）自愿参加了评估。这些成员按照规定提交了评估报告，阐述了其在 1996—2009 年推进茂物目标所取得的成就，完成了相关评估工作。

在此期间，APEC 框架下的贸易投资自由化继续推进。APEC 成员的简单平均关税税率由 2004 年的 8% 降至 2009 年的 6.6%。APEC 发达成员和发展中成员出于环保、健康、安全等原因，只保留了少量非关税措施。不过相较于货物贸易，服务贸易领域的自由化进展相对较慢。APEC 成员根据自身情况对外资政策进行了一定调整，相互投资有所增加，但各种形式的投资壁垒依然不同程度地存在。

贸易投资便利化也取得一定进展。2006 年，APEC 实现了 TFAP Ⅰ，将本地区的交易成本降低了 5%。在此基础上，APEC 越南领导人非正式会议决定，继续推进第二阶段贸易便利化行动计划（TFAP Ⅱ）的实

---

① A Mid-term Stocktake of Progress Towards the Bogor Goals: Busan Roadmap to the Bogor Goals [EB/OL]. APEC 官网，2001-11-15.

② APEC. 2006 APEC Ministerial Meeting [EB/OL]. APEC 官网，2006-11-15.

施，到 2010 年将本地区的交易成本再降低 5%（根据贸易便利化行动计划 2011 年评估结果，这一目标确已实现）。APEC 在海关程序、标准和一致化、商务人员流动、电子商务四个领域的便利化成果尤为突出。

经济技术合作方面的成效包括：2005 年，新的经济技术合作评估体系——AME（Assessment, Monitoring and Evaluation Framework）建立，ESC 对经济技术合作项目的管理能力得以增强。同年，APEC 韩国部长级会议同意将 ESC 升格为"经济技术合作执行委员会"（Steering Committee on ECOTECH，简称 SCE），以加强对经济技术合作活动的协调。2010 年，APEC 日本领导人非正式会议发表《APEC 领导人增长战略》，提出了五大经济增长理念，包括平衡增长、包容增长、可持续增长、创新增长、安全增长。[1] 这些新理念有利于提高 APEC 成员的经济增长质量，促进经济技术合作。

（四）茂物目标攻坚克难阶段（2011 年至今）

2011 年以来，APEC 进入"瓶颈期"，各成员推进贸易投资自由化便利化的积极性下降。从 APEC 各成员提交单边行动计划（IAPs）的情况来看，2010 年越南和巴布亚新几内亚没有提交，2011 年各成员都没有提交，2012 年所有成员都提交了。自 2012 年起，APEC 规定各成员每两年提交一次。

相应地，APEC 贸易投资自由化进程滞缓，成果有限。根据《APEC 茂物目标进展报告 2018》，各成员最惠国（MFN）平均关税税率从 2010 年的 5.8% 降至 2017 年的 5.3%，八年时间里仅下降了 0.5%。尽管 APEC 成员总体上使用贸易限制措施的数量持续降低，但是 2016

---

[1]　APEC. The APEC Leaders' Growth Strategy［EB/OL］. APEC 官网，2010-11-13.

年 7 月至 2017 年 6 月，各成员所使用的贸易救济措施（尤其是反倾销措施）反而比往年同期有所增多。与此同时，APEC 成员更多的是通过签订 RTA/FTAs，来实现各自对服务贸易自由化的需求。截至 2017 年年底，APEC 成员所签订的 RTA/FTAs 当中，70.1% 都包含服务贸易承诺。APEC 成员不同程度地采取了多种措施吸引外资，包括放宽对外方所有权的限制、降低投资准入门槛、简化审批程序等，可尽管如此，受 2008 年全球金融危机影响，APEC 总体投资环境在近十年内并未得到大幅改善。

值得肯定的是，APEC 贸易投资便利化取得了一些进展。2010 年，APEC 在日本举行的领导人非正式会议提出实施《供应链连接性框架行动计划》（*Supply Chain Connectivity Framework Action Plan*，简称 SCFAP Ⅰ），到 2015 年实现亚太地区供应链的货物、服务贸易的流通时间、成本、不确定性和总体绩效提高 10%，并设定 109 项基础行动，打破透明度、基础设施、物流能力、清关、证明文件、连通性、法规标准、过境安排八项瓶颈。根据《SCFAP Ⅰ 最终评估报告 2010—2015》，到 2015 年已经完成 93.6% 的基础行动。各成员在流通时间、成本、不确定性和总体绩效上都取得了一定进展，但由于设施不健全、信息缺乏、制度差异等因素的影响，基础行动的实施面临一定挑战。2016 年智利 APEC 领导人非正式会议批准了《第二期供应链连接性框架行动计划（2017—2020）》（SCFAP Ⅱ），旨在进一步推进亚太地区贸易投资便利化和供应链连接，降低亚太地区供应链交易成本，提高供应链可信度，支持本地区企业的竞争力，重点解决边境管理、基础设施、监管合作、电子商务等领域存在的问题。

APEC 经济技术合作也有一定成效。2011—2018 年间，APEC 经济合作项目达 1061 项。为进一步加强能力建设的组织协调工作，SCE 于 2015 年批准了通过经济技术合作推进 APEC 能力建设的政策建议。2017 年，SCE 制定并批准了一套用于评估其论坛活动的标准化评估体系。该评估体系已于 2018 年启用。

二、东盟主导阶段

APEC 方式迎合了各成员多元化发展需求，推动了 APEC 的发展进程。但是，在具体实践中也暴露出一些固有的缺陷。首先，开放性放宽了对成员准入的限制，随着成员的增多，组织变得更为松散。此外，非成员免费搭便车现象难以避免。其次，APEC 是一个松散的地区性论坛，属于"软组织"机制，所有问题均需成员一致同意，这造成决策效率低下，无法及时有效地应对亟须解决的问题。APEC 方式在一定程度上造成了茂物目标（发达国家/地区在 2010 年，发展中国家/地区在 2020 年实现贸易投资自由化）的实现遥遥无期以及"先期自愿部门自由化"（Early Voluntary Sectoral Liberalization，简称 EVSL）计划（9 个部门在 2010—2020 年之前提前实现自由化）的破产。

1997 年爆发的亚洲金融危机使东亚国家遭受严重损失，而 APEC 在危机中的表现也让东亚国家大为失望。国际货币基金组织虽然给予了一定的援助，但是作用有限且附带一些苛刻条件。在这种情况下，东亚国家深深意识到联合自强的必要性。东盟与中、日、韩围绕经济合作展开了深层次合作。1997 年 12 月，东盟与中、日、韩三国领导人在马来西亚吉隆坡举行非正式会议，启动"10+3"合作机制。这是以东盟为轴心的第一个区域经济合作机制。之后，东盟与中、日、韩三国合作关系在"10+3"机制下发生质变。21世纪初，东盟与三国分别建立了"10+1"合作机制。此外，东盟还在"10+3"基础上纳入印度、新西兰、澳大利亚，搭建了"10+6"东亚峰会机制。

东盟以自己独创的"东盟方式"分别构建了多个以其为轴心的区域经济合作机制，巩固了其在东亚经济一体化中的主导权，东亚地区由此形成"小马拉大车"的合作局面。"东盟方式"是以互不干涉为核心，坚持主权的不可侵犯和国家间的绝对平等，以非正式的、非强制性的松散安排和和平方式避免、解决分歧或争端，谨慎、渐进地发展区域合作。①"东盟方式"是一种软机制主义，尊重成员的多样性，采取区别对待的原则，采取协商一致的决策原则，决策具有非约束性。"东盟方式"决定了"10+N"机制的非约束性的地区合作论坛属性。"东盟方式"同样使不同成员之间无法形成统一步调，合作效率低下，决策不具约束性而难以实施。在"东盟+N"合作框架下，东亚地区经过十多年的经济合作取得了一定的成绩，以东盟为中心的五个"10+1"自贸区建设全面展开，中日韩自贸区和多个双边自贸区也在全面推进。但是，涵盖东亚更广范围的"东盟+N"自贸区一直进展缓慢。

（一）5个"10+1"FTA

东盟作为一个整体积极参与区域经济合作，与中国、日本、印度、韩国、澳大利亚和新西兰签署了FTA，形成了5个"10+1"FTA（见表

---

① 喻常林，黄云静，张祖兴等. 当代亚太国际关系与地区合作 [M]. 广州：中山大学出版社，2008：142.

3-1）。

表 3-1　5 个 "10+1" FTA 基本情况

名称	生效日期	备注
东盟—中国 FTA	2005 年 1 月 1 日《货物贸易协议》生效 2007 年 7 月 1 日《服务贸易协议》生效	2009 年年底已基本建成
东盟—日本 FTA	2008 年 12 月 1 日生效	仅涵盖货物贸易
东盟—韩国 FTA	2010 年 1 月 1 日《货物贸易协议》生效 2009 年 5 月 1 日《服务贸易协议》生效	涵盖货物贸易和服务贸易
东盟—印度 FTA	2010 年 1 月 1 日《货物贸易协议》生效 2015 年 7 月 1 日《服务贸易协议》生效	涵盖货物贸易和服务贸易
东盟—澳大利亚—新西兰 FTA	2010 年 1 月 1 日生效	涵盖货物贸易和服务贸易

资料来源：笔者根据 WTO RTA Database 数据库资料整理得出。

（二）"10+3" 框架

1997 年年底爆发的亚洲金融危机为东亚各国合作提供了一个契机。时年 12 月，东盟、中、日、韩领导人举行会晤，东亚合作进入实质启动阶段，"10+3" 领导人会晤机制正式制度化。2001 年 3 月，"东亚研究小组"（East Asian Study Group）成立，负责研究推动东亚地区合作进程问题。该小组于 2002 年 11 月在第六次 "10+3" 领导人会议上提交了《东亚研究小组最终报告》，将建成东亚自由贸易区（East Asia Free Trade Area，简称 EAFTA）列为 26 项值得高度重视的可行措施中的一项。2004 年，EAFTA 可行性研究专家组成立。此后，专家组在中、韩两国牵头下完成了第一期和第二期研究，并向 "10+3" 经济部长会议和领导人会议提交了报告，建议以"10+3"为基础建立 EAFTA。但是，由于日本的反对，EAFTA 迄今无果。"10+3"领导人会议每年举行一次。目前，该合作机制以经济合作为重点，逐步扩展至政治、文化、安全等领域，是东亚地区合作的主要渠道和阵地。

（三）"10+6"（东亚峰会）

在"10+3"合作框架下，1999 年 10 月，由 13 国专家组成的"东亚展望小组"（East Asian Vision Group）成立，负责研究将东亚培育成一个单一合作共同体的具体路径。2001 年，该小组在"10+3"第五次领导人会议上提交了题为《迈向东亚共同体》的报告，提出将"10+3"领导人会议演化为"东亚峰会"（East Asia Summit，简称 EAS）。2005 年 12 月，第一届东亚峰会召开，东盟十国及中、日、韩、印度、澳大利亚、新西兰十六国领导人出席了会议，标志着东亚地区一个新的合作机制产生。2006 年，日本提议在"10+3"的基础上引入印度、澳大利亚、新西兰建立"东亚全面经济伙伴关系"（Comprehensive Economic Partnership in East Asia，简称 CEPEA），进而建成 EAFTA。东亚地区因此出现了中国支持的"10+3"路径和日本支持的"10+6"路径之争。而 RCEP 的提出是基于这两种路径的一种妥协方案。

三、TPP/CPTPP 与 RCEP 并存，同时酝酿推动 FTAAP

2001 年，"9·11"事件爆发。美国随之将注意力转向中东和阿富汗地区，集中精力反对恐怖主义，对亚太地区的关注度有所降低。而同时期，东亚区域经济一体化如火如荼地进行着，东盟搭建了以自己为主体的"东盟+N"合作机制。美国不甘被排除在外，对进展迅速的东亚一体化进程保持高度警惕。2006 年，美国在 APEC 领导人非正式会议上提议建立 FTAAP，试图以此推动其主导的 APEC 向前发展，避免 APEC 内部成员分化成东西两股势力。2010 年，APEC 领导人非正式会议将建立 FTAAP 作为 APEC 框架下推进区域一体化的主要目标。然而，由于各成员及美国国内对 FTAAP 持有不同意见，因此其停留在探索阶段。美国并没有因此放弃介入东亚区域经济一体化，于 2009 年加入 TPP 谈判，借助 TPP 获取亚太经济一体化主导权。东盟为保持其在东亚区域经济一体化中的主体地位于 2011 年提出 RCEP。美国试图通过 TPP 夺取亚太区域经济合作的主导权，掌控国际经贸新规则的制定权。东盟试图通过 RCEP 维持其在东亚地区经济合作的主体地位，稀释 TPP 对其产生的影响。

2014 年 11 月，中国将推动亚太区域经济进程和 FTAAP 建设列入 APEC 北京领导人非正式会议的三大主题之一，FTAAP 动议被重新激活。会上，通过《亚太经合组织推动实现亚太自由贸易区北京路线图》，决定启动为期两年的联合战略研究，FTAAP 进程正式启动。鉴于亚太地区各种 RTA/FTAs 交叉重叠，"意大利面条碗"现象严重。此外，APEC 的不佳表现难免使各成员对其今后发展失去信心。以东盟为主体的 RCEP 不包含美国，以美国为主体的 TPP 不包含中国，亚太其他经济体在"东亚轨道"或"亚太轨道"的选择上陷入两难境地。因此，亚太地区亟须一种折中选择来解决这些问题。而 FTAAP 提供了一条中间道路，一方面它可以在一定程度上弥补 APEC 软机制的弊端，另一方面可以避免 TPP 和 RCEP 两大路径相互抗衡。尽管，FTAAP 可以带来多种好处，但是它的实现是一个长期的过程，需要亚太各国从大局上考虑，最终就关键问题达成一致。

2017年年初，美国宣布退出TPP。此后，日本开始积极游说，一方面说服美国改变想法，重返TPP，另一方面推动TPP生效。在美国确认不会重返TPP之后，日本继续推动剩余成员重新评估TPP。2017年11月，11个原TPP成员在APEC越南领导人非正式会议期间共同发表声明，将TPP更名为CPTPP。经过近4个月的谈判，相关方于2018年3月签订CPTPP，该协定于同年12月底生效。CPTPP保留了TPP协定的整体框架体系，保留的内容超过66%，保留了电子商务、政府采购、国有企业等原TPP章节内容，暂停条款为22项，其中半数与知识产权相关。日本之所以主导并引领CPTPP，如同美国主导并引领TPP一样，更多的是出于政治考量，达到牵制中国，削弱其在亚太区域经济合作的地位。

目前，亚太地区形成TPP/CPTPP与RCEP并驾齐驱，同时酝酿推动FTAAP阶段。

第三节　亚太经济一体化主要特征

一、起步较晚，但发展迅速

亚太经济一体化始于1989年APEC成立。相比之下，落后于世界其他地区。在欧洲，1991年欧共体第46次会议通过了《欧洲联盟条约》，设定了欧共体实现经济货币联盟和政治联盟的目标，将欧共体由一个经贸集团建成一个具有强大经济实力并执行共同外交和安全政策的政治实体。在美洲，1994年美洲34国首脑会议提出建立美洲自由贸易区（FTAA）的设想。在大洋洲地区，澳新于1983年签订的ANZCERTA在1989年又扩展至服务贸易领域。

进入20世纪90年代，亚太经济一体化发展势头迅猛。至今，亚太地区FTA主要包括：APEC、TPP、CPTPP、RCEP、FTAAP、东盟主导的"10+N"FTA（"10+1"FTA、"10+3"FTA、"10+6"FTA）、中日韩FTA。其中，巨型FTA（TPP、CPTPP、RCEP、FTAAP）涉及巨大的经济规模和贸易额（见表3-2）。

表3-2 亚太地区巨型FTA实际GDP和实际贸易额（2015年）

单位：亿美元，%

	成员数量	实际GDP	实际出口额	实际进口额	实际GDP占世界比重	实际出口额占世界比重	实际进口额占世界比重
CPTPP	11	117043.67	34157.47	33106.64	15.51	14.93	15.10
TPP	12	283018.13	56267.38	61255.05	37.49	24.59	27.93
RCEP	16	224699.01	40677.73	38858.65	29.77	17.78	17.72
FTAAP	20	420227.95	79401.48	81349.99	55.67	34.70	37.10

数据来源：杨立强，余稳策. 从TPP到CPTPP：参与各方谈判动机与贸易利得变化分析［J］. 亚太经济，2018（5）：58.

二、合作呈现多层次、多形式、多领域

经过20多年的发展，亚太区域经济合作在形成和发展过程中呈现出"三多"特征，即多层次、多形式、多领域。

多层次是指亚太区域经济合作路径既包括亚太轨道，如 APEC/FTAAP、TPP、CPTPP，又包括东亚轨道，如"10+1""10+3""10+6"、中日韩自由贸易区、RCEP，还包括亚太经济体间签订的各种双边 FTA。

多形式是指亚太经济一体化参与方的合作既包括功能性合作，也包括非功能性合作；既有开放性合作，又有封闭性合作。功能性合作往往依托软合作机制进行，成员采用协商一致的方式进行合作，通过发布领导人宣言等方式表达各自意愿，而不签署协定或承诺，不具强制性，约束力较弱。"10+3""10+6"框架下合作即是该类型合作，参与方主要出于亚太和东亚地区各经济体之间存在较大的差异性，利益矛盾较多，采用功能性合作方式便于实现求同存异，共同发展。制度性合作往往依托硬合作机制进行，各成员通过签署协定，对各自应承担的责任和履行的义务做出明确规定，具有较强的约束力。中日韩 FTA、TPP、CPTPP、RCEP 都属于这种类型。开放性合作是指各成员所达成的贸易、投资自由化及便利化措施不仅适用于成员之间，还适用于非成员，如 APEC。封闭性合作恰恰相反，是指各成员所达成的贸易、投资自由化及便利化措施只惠及成员，非成员被排除之外，如 TPP、CPTPP、RCEP 等。

多领域是指亚太地区经济一体化涉及领域广，不同类型 FTA 所覆盖领域侧重点不同。中国与其他经济体签署的 FTA 覆盖领域集中在传统贸易，重点涉及市场准入；日本与东亚国家签署的经济合作伙伴关系协定（Economic Partnership Agreement，简称 EPA）倡导零关税，重点聚焦于投资、服务、知识产权等贸易新议题。被称为"21 世纪高标准的 FTA"的 TPP 内容涵盖贸易、投资、原产地规则、SPS、TBT、金融、商务人员临时入境、电信、电子商务、政府采购、竞争政策、国有企业和指定垄断、知识产权、劳工、环境、发展、中小企业、监管一致性、反腐败等诸多领域,而且只要成员同意,还可进一步拓宽领域,体现了贸易政策的"多功能性"与国内规制一体化的改革趋势与潮流。[①]

三、不同 FTA 成员交叉重叠

亚太地区各经济体可以同时参与不同的 FTA,成员交叉重叠现象普遍。比如日本既与东盟签订了 FTA,又与东盟 7 个成员分别签订了双边 FTA;新加坡分别与中国、日本、韩国、美国、澳大利亚签订了双边 FTA,成为亚太地区 FTA 网络的一个关键联结点。东盟分别与中国、日本、韩国签订了双边 FTA,同时与中日韩三国 FTA 正在商签谈判中。亚太地区 FTA 成员交叉叠加现象的出现有着特定的政治经济原因。亚太地区范围广,地域分散,各国自然条件千差万别,经济发展不平衡,历史和文化各具特色。此外,亚太地区主要经济体如美国、中国、日本、东盟等之间相互竞争,区域合作局势错综复杂。在这种情况下,该地区很难形成一个统一有约束力的制度性经济合作机制来实现贸易投资自由化。近年来,多边贸易体制受阻,APEC 停滞不前,亚太地区各经济体转向区域经济合作,构建以本国为中心的 FTA 网络辐射体系,成员叠加现象在所难免。亚太地区 FTA 成员相互重叠的现象给相关成员

---

① 盛斌,果婷. 亚太地区自由贸易协定条款的比较及其对中国的启示 [J]. 亚太经济,2014(2):95.

带来了一定的不便。不同 FTA 的规定不同，往往导致某一经济体在进行贸易时必须对不同 FTA 规则进行对比和选择，这无形地增加了政策执行难度和协调成本。随着亚太经济一体化进程的深入发展，不同 FTA 势必随之发生整合，相关成员不可避免地要承担一定的调整成本。

四、各 FTA 所覆盖议题参差不齐

亚太地区 FTA 在条款覆盖领域上差别较大，不仅五个 "10+1" FTA 差别较大，而且巨型 FTA（RCEP 和 TPP/CPTPP）之间的差别也较大。如表 3-3 所示，各 FTA 议题覆盖范围由小到大依次为：东盟—印度 FTA、东盟—中国 FTA、东盟—澳新 FTA、RCEP、东盟—日本 FTA、TPP/CPTPP。

表 3-3　亚太地区 FTA 覆盖议题概况

	东盟—中国	东盟—韩国	东盟—日本	东盟—澳新	RCEP	TPP/CPTPP	WTO 多哈
关税减让	√	√	√	√	√	√	√
原产地规则	√	√	√	√	√	√	√
技术壁垒	√	√	√	√	√	√	√
海关措施	*	*	√	√	√	√	√
检验检疫	√	√	√	√	√	√	√
贸易救济	√	√	√	√	√	√	
投资前国民待遇			√	√	√	√	***
投资前最惠国待遇	√		√	√	√	√	***
业绩要求条款		√	√	√	√	√	***
服务贸易	√	√	√	√	√	√	√

续表

	东盟—中国	东盟—韩国	东盟—日本	东盟—澳新	RCEP	TPP/CPTPP	WTO 多哈
知识产权	*	*	√	√	√	√	√
政府采购			√			√	**
竞争政策			√	√	√	√	
电子商务	*	*	√	√	√	√	
劳工标准						√	
环境政策	*	*	√			√	√
经济技术合作	√	√	√	√	√		
监管一致性						√	
安全标准						√	
发展						√	
中小企业						√	
文化						√	
竞争力						√	
反腐						√	
国有企业						√	
合作与能力建设	√	√	√	√	√	√	√
争端解决	√	√	√	√	√	√	√

注：√表明存在该条款；＊表明条款内容不具有约束力，属于合作性质的内容；＊＊表明政府采购诸边协议；＊＊＊表明《与贸易有关的投资措施协议》（*Agreement on Tade Related Investment Measnres*，简称 TRIMs）中的条款。

资料来源：沈铭辉．构建亚太自贸区的路径分析［M］//国家开发银行研究院，中国社会科学院国际研究学部．亚太自由贸易区：战略与路径．北京：经济管理出版社，2016：168.

亚太地区 FTA 文本中多数"WTO+条款"覆盖率和承诺率较高，达到 90%以上。"WTO-X"条款的覆盖率差异较大：竞争政策、知识产权、投资等条款的覆盖率均高于70%，为多数国家能够接受；就劳工、电子商务、劳工、环境等条款而言，发达国家FTA中这些条款的覆盖率较高，而发展中国家FTA条款中这些条款覆盖率较低（见表3-4）。

表3-4　亚太地区FTA条款比较

条款		亚太		中国		美国		日本		韩国		东盟	
		覆盖率	承诺率	覆盖率	承诺率	覆盖率	承诺率	覆盖率	承诺率	覆盖率	承诺率	覆盖率	承诺率
WTO+	工业品	100	100	100	100	100	100	100	100	100	100	100	100
	农业品	98	98	100	100	83	100	100	100	100	100	100	100
	海关程序	93	98	80	75	100	100	100	100	100	80	80	75
	出口税	27	75	0	—	67	75	27	100	60	67	20	0
	SPS	82	100	100	100	100	100	55	100	100	100	100	100
	技术壁垒	78	100	80	100	100	100	73	100	100	100	60	100
	国有企业	31	50	20	100	50	100	18	0	40	50	0	—
	反倾销	91	93	100	100	100	100	64	86	100	80	100	100
	反补贴	91	95	100	100	100	100	64	100	100	80	100	100
	公共补助	33	67	0	—	50	100	18	0	40	100	0	—
	政府采购	71	72	0	—	100	100	82	44	80	100	20	0
	TRIMS	96	100	100	100	100	100	100	100	100	100	80	100
	GATS	91	100	100	100	100	100	100	100	100	100	60	100
	TRIPS	84	95	80	100	100	100	100	82	100	100	60	100
WTO+总计		76	93	69	98	89	99	71	89	87	92	63	93
WTO-X	竞争政策	82	70	20	100	100	83	91	40	100	80	60	0
	资本流动	42	32	20	0	17	100	73	25	80	25	20	0
	投资	98	100	100	100	100	100	100	100	100	100	80	100
	环境	58	35	20	0	100	83	82	0	100	40	40	0
	新知识产权	78	89	60	100	100	100	91	80	100	60	60	67
	劳工标准	36	63	0	—	100	83	36	0	40	100	0	—
	电子商务	38	65	0	—	83	80	9	0	60	67	20	100
	能源	40	17	20	0	33	100	82	0	80	25	40	0

续表

条款		亚太		中国		美国		日本		韩国		东盟	
		覆盖率	承诺率	覆盖率	承诺率	覆盖率	承诺率	覆盖率	承诺率	覆盖率	承诺率	覆盖率	承诺率
WTO-X	制度机制	76	76	0	—	100	83	91	50	100	100	60	67
	金融服务	89	80	100	80	100	100	91	80	100	80	60	67
	人力资本	58	27	80	0	17	100	73	50	80	0	80	25
	核安全	27	0	0	—	33	0	55	0	60	0	40	0
	医疗卫生	44	20	0	—	33	0	73	38	80	0	0	—
	采矿业	31	7	0	—	17	0	55	0	40	0	20	0
	音像业	29	23	0	—	33	50	45	20	40	0	20	—
	信息传播	64	59	60	0	67	50	82	33	80	100	20	0
	研发	60	22	40	0	50	0	91	40	100	0	20	0
	中小企业	44	10	60	0	33	0	45	0	60	33	80	25
	签证	36	31	20	100	0	—	64	14	40	50	20	100
	消费者保护	29	38	20	0	50	67	0	—	80	25	20	0
WTO-X 总计		32	48	21	38	37	64	37	35	47	45	23	34

资料来源：盛斌，果婷．亚太地区自由贸易协定条款的比较及其对中国的启示 [J]．亚太经济，2014（2）：99.

第四章

构建人类命运共同体思想与亚太经济一体化

经济联系是人类命运共同体的纽带，增强经济实力是建设人类命运共同体的基础。深入推进亚太经济一体化，促进该地区各经济体形成共同利益，避免各自为政、以邻为壑的情形，有利于构建亚洲命运共同体，进而实现人类命运共同体。亚洲地区有崇尚和平的思想传统，有悠久的经济合作历史，文化上彼此交流互鉴，有共同应对传统安全和非传统安全的愿望，致力于推动可持续发展，为实现亚太经济一体化提供了有利条件。中国是亚太区域经济合作的重要参与方，同时是"一带一路"及"人类命运共同体思想"的倡导者和推动者。"一带一路"倡议是推进亚太经济一体化和构建人类命运共同体的重要平台。

第一节 人类命运共同体视角下实现亚太经济一体化的必要性和可行性

构建人类命运共同体思想的核心是"建设持久和平、普遍安全、共同繁荣、开放包容、清洁美丽的世界"。人类命运共同体思想体现在经济层面，就是要同舟共济，促进贸易和投资自由化便利化，推动经济全球化朝着更加开放、包容、普惠、平衡、共赢的方向发展。实现亚太经济一体化有利于构建亚太命运共同体，进而实现人类命运共同体。从这个角度看，实现亚太经济一体化具有很强的必要性。此外，从政治、经济、文化、安全、生态等层面看，实现亚太经济一体化具有良好基础和有利条件。

一、人类命运共同体视角下实现亚太经济一体化的必要性

构建亚太命运共同体是构建人类命运共同体的重要一环。亚太是当今世界最具发展活力和潜力的地区之一，占有重要的世界地位。人类只有一个地球，各国共处一个世界。世界好，亚洲才能好；亚洲好，世界才能好。"二战"后，在争取民族独立的伟大斗争中，在应对亚洲金融危机和国际金融危机的艰难时刻，在抗击印度洋海啸和中国汶川特大地震等灾害的紧要关头，亚洲各国人民守望相助，克服和战胜了一个又一个困难和挑战，同舟共济、共克时艰。亚洲国家逐步超越意识形态和社会制度差异，从相互封闭到开放包容，从猜忌隔阂到日益增多的互信认同，越来越成为你中有我、我中有你的命运共同体。①

人类命运共同体思想体现在经济层面，就是要同舟共济，促进贸易和投资自由化便利化，推动经济全球化朝着更加开放、包容、普惠、平衡、共赢的方向发展。亚太地区是世界范围内生产和贸易投资活动最为

---

① 习近平. 迈向命运共同体　开创亚洲新未来——在博鳌亚洲论坛 2015 年年会上的主旨演讲［N］. 人民日报, 2015-01-20（2）.

活跃的地区，也是全球价值链分布最为密集的地区。亚太经济在世界经济增长中发挥着重要的引擎作用，促进亚太地区贸易和投资自由化便利化，推进亚太经济一体化，推动亚太地区繁荣发展，进而带动世界经济发展，推动构建人类命运共同体。亚洲国家在推进区域合作实践中逐步形成相互尊重、协商一致、照顾各方舒适度的亚洲方式。自 1989 年 APEC 成立以来，亚太区域经济合作开启，并不断发展。亚太区域经济合作形成亚太轨道和东亚轨道两大路径，前者包括 APEC/FTAAP、TPP/CPTPP 等，后者包括五个"10+1"FTA、"10+3"框架、"10+6"（东亚峰会）、中日韩 FTA、RCEP 等。亚太区域贸易安排在一定程度上有利于推进亚太乃至全球贸易投资自由化进程。例如，APEC 地区与 RTA/FTAs 伙伴国的出口总额占 APEC 出口总额的比重从 1989 年的 0.6% 大幅提高到 2018 年的 50.0%。APEC 成员与其 RTA/FTAs 伙伴国的进口额占 APEC 进口总额的比重从 1989 年的 0.6% 升至 2018 年的 46.3%。①

自 APEC 成立以来，亚太经济一体化走过 30 余年风雨历程，在促进贸易投资自由化便利化，推动亚太地区和世界经济增长上取得一定成绩。在 1989—2018 年间，APEC 地区经济呈现跨越式增长，按实际价值计算（以 2011 年购买力平价国际美元计），该地区经济总量从 1990 年的 23.5 万亿美元增长到 2018 年的 66.2 万亿美元，年均增长 3.7%。显著的经济增长使平均收入增加，人均 GDP 从 1990 年的 10258 美元增长到 2017 年的 22000 美元，年均增长 2.8%。同时也有助于缩小该地区人均 GDP 最高值和最低值之间的差距。1990 年，该地区人均 GDP 最高

---

① PSU. Policy in Charts 2019 [EB/OL]. APEC, 2019.

值是最低值的 58 倍多。到 2017 年，这一数字下降到 22 倍。① 过去 30 年来，国际贸易是推动 APEC 地区经济增长的一个关键驱动力。APEC 地区贸易总量从 1989 年的 3.1 万亿美元增长到 2018 年的 24 万亿美元，年均增长 7.1%（见图 4-1）。

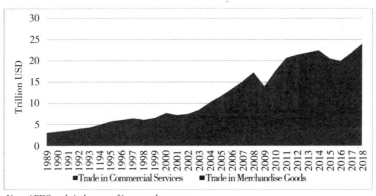

Note: APEC trade is the sum of imports plus exports.
Source: WTO; StatsAPEC; APEC PSU staff calculations.

图 4-1　1989—2018 年 APEC 地区贸易额　单位：万亿美元

随着 APEC 地区经济发展，减贫效果显著。与 APEC 成立之初相比，该地区现存贫困人口减少了约 10 亿。1990—2015 年，极端贫困率从 41.7%降至 1.8%，贫困率从 63.1%降至 13.4%。与此同时，中等以上收入群体占总人口的比例从 1990 年的 27.8%扩大到 2015 年的 61.0%。

联合国贸易和发展会议（以下简称"贸发会议"）和世界贸易组织（以下简称"世贸组织"）的数据显示，过去 20 年来，适用最惠国待遇的平均税率一直呈下降趋势。根据贸发会议的数据，APEC 地区平均从价关税税率从 1999 年的 10.2%下降到 2017 年的 4.8%。根据世贸

---

① PSU. APEC Regional Trends Analysis［EB/OL］. APEC, 2019.

组织的数据，2018 年平均从价和非从价关税为 5.3%，低于 2006 年的 7.1%（见图 4-2）。

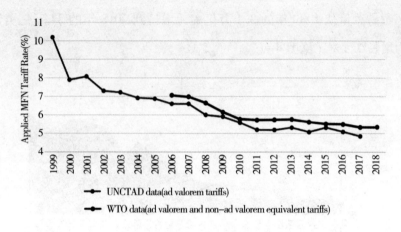

图 4-2　1999—2018 年 APEC MFN 平均关税税率　单位：%

数据来源：PSU. Policy in Charts 2019 ［EB/OL］. APEC, 2019.

如图 4-3 所示，过去 30 年，APEC 地区货物贸易出口额总体呈正增长，仅在 2001 年和 2009 年互联网泡沫破裂和全球金融危机期间出现收缩。2018 年，增长 10.1%，低于上年的 12.3%。同样，货物贸易进口额在过去 30 年中总体上保持了正增长，只是在 2001 年和 2009 年出现收缩。2017—2018 年，增速从 15.5% 降至 11.4%。如图 4-4 所示，该地区服务贸易出口额从 1989 年的 0.3 万亿美元增加到 2018 年的 2.2 万亿美元。虽然服务贸易出口在过去 30 年里呈下降趋势，但在过去的 3 年里强劲增长。如图 4-5 所示，该地区服务贸易进口额在过去 30 年中增长了 8 倍，2018 年达到 2.2 万亿美元。同样，服务贸易进口的增长在过去 30 年呈下降趋势，但在过去 3 年有所复苏。

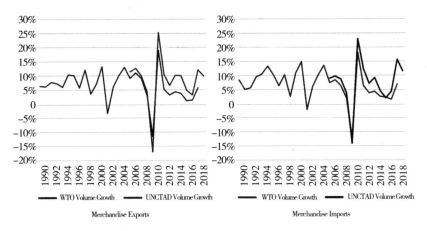

图 4-3 1990—2018 年 APEC 地区货物贸易 单位:%

数据来源:PSU. Policy in Charts 2019 [EB/OL]. APEC, 2019.

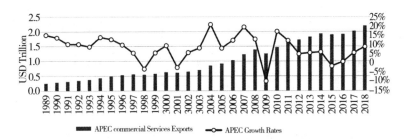

图 4-4 1989—2018 年 APEC 地区服务贸易出口 单位:万亿美元

数据来源:PSU. Policy in Charts 2019 [EB/OL]. APEC, 2019.

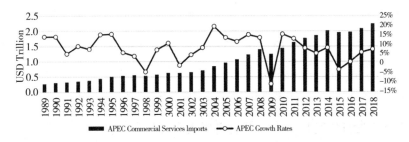

图 4-5 1989—2018 年 APEC 地区服务贸易进口 单位:万亿美元

数据来源:PSU. Policy in Charts 2019 [EB/OL]. APEC, 2019.

如图4-6所示，APEC外商直接投资从1990年的926亿美元增加到2018年的8386亿美元，在全球外国直接投资流入中的份额从1990年的45.2%上升到2018年的64.6%。同样，APEC对外直接投资从1990年的1018亿美元增加到2018年的5215亿美元，在全球对外直接投资中所占份额从41.8%上升到51.4%。

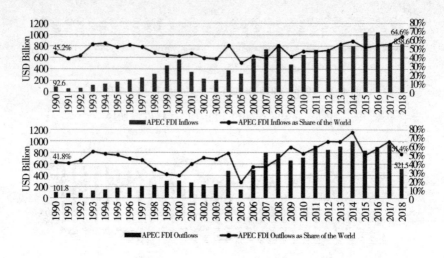

图4-6 1990—2018年APEC外商直接投资和对外直接投资

数据来源：PSU. Policy in Charts 2019 ［EB/OL］. APEC, 2019.

经济联系是人类命运共同体的纽带，增强经济实力是建设人类命运共同体的基础。亚太地区经济一体化发展势头较好，各经济体间经济联系更加密切，贸易依存度已经超过50%。深入推进亚太经济一体化，促进该地区各经济体形成共同利益，避免各自为政、以邻为壑的情形，有利于构建亚洲命运共同体，进而实现人类命运共同体。

二、人类命运共同体视角下实现亚太经济一体化的可行性

从政治、经济、文化、安全、生态等层面看，实现亚太经济一体化具有一定可行性。亚洲地区有崇尚和平的思想传统，有悠久的经济合作历史，文化上彼此交流互鉴，有共同应对传统安全和非传统安全的愿望，致力于推动可持续发展，为实现亚太经济一体化提供了有利条件。

（一）政治上：具有崇尚和平的思想传统

20 世纪 50 年代，亚洲国家率先倡导和平共处五项原则。1953 年，周恩来在接见来访的印度代表团时提出和平共处五项原则。次年，和平共处五项原则被写入《中印关于中国西藏地方和印度之间的通商和交通协定》，成为指导中印两国关系的原则。1954 年，中印两国总理发表联合声明，重申以和平共处五项原则为两国关系的指导原则，同时认为这些原则是处理国际关系的普遍准则，适用于各国之间，适用于一般国际关系之中。同年，中缅两国总理发表联合声明，明确表示和平共处五项原则同样是指导两国关系的原则，同时强调若一切国家遵守这些原则，不同社会制度的国家就有了和平共处的保证。中印缅共同倡导以和平共处五项原则为国家关系的普遍准则，并为其他国家所接受。和平共处五项原则成为一种超越社会制度和意识形态、真正具有普遍适用性的指导国际关系的准则。

亚洲国家还和非洲国家一同提出处理国家关系的十项原则。1955 年，亚非会议在印尼万隆召开，讨论了反对殖民主义、促进世界和平与合作、促进亚非国家间友好合作等问题。与会各国一致通过了《亚非

会议最后公报》，提出各国和平相处、友好合作的十项原则，包括：尊重基本人权，尊重《联合国宪章》的宗旨和原则；尊重一切国家的主权和领土完整；承认一切种族和一切国家的平等；不干预或不干涉他国内政；尊重每一个国家按照《联合国宪章》进行单独或集体自卫的权力；不使用集体防御的安排来为任何大国的利益服务；不以侵略行为或侵略威胁或使用武力来侵犯任何国家的领土完整或政治独立；按照《联合国宪章》，通过和平途径解决国际争端；促进共同利益与合作；尊重正义和国际义务。这十项原则充分体现了和平共处五项原则的精神实质，是和平共处五项原则的引申和发展。

"和平共处五项原则之所以在亚洲诞生，是因为它传承了亚洲人民崇尚和平的思想传统。中华民族历来崇尚'和为贵''和而不同''协和万邦''兼爱非攻'等理念。印度、缅甸等亚洲国家人民也历来崇尚仁爱、慈善、和平等价值观。"① 60多年来，和平共处五项原则深入人心，走出亚洲，走向世界，成为国际关系基本准则和国际法基本原则，为推动建立更加公正合理的国际政治经济新秩序发挥了积极作用。"和平共处五项原则的精神不是过时了，而是历久弥新；和平共处五项原则的意义不是淡化了，而是历久弥深；和平共处五项原则的作用不是削弱了，而是历久弥坚。"② 当今世界正处于大发展大变革大调整时期，和平、发展、合作、共赢的时代潮流更加强劲，国际社会日益成为你中有我、我中有你的命运共同体。同时，世界面临的不稳定性不确定性突

---

① 习近平. 弘扬和平共处五项原则　建设合作共赢美好世界——在和平共处五项原则发表60周年纪念大会上的讲话 [N]. 人民日报，2016-06-29 (2).
② 习近平. 弘扬和平共处五项原则　建设合作共赢美好世界——在和平共处五项原则发表60周年纪念大会上的讲话 [N]. 人民日报，2016-06-29 (2).

出，人类面临诸多共同挑战。新形势下，各国需要在和平共处五项原则的基础上，坚持主权平等、坚持共同安全、坚持共同发展、坚持合作共赢、坚持包容互鉴、坚持公平正义，推动构建人类命运共同体。亚太经济体坚持和弘扬和平共处五项原则为推动亚太经济一体化创造了有利条件。

（二）经济上：有着悠久的经济合作历史

亚洲各国人民团结协作、联合自强的坚强决心，推进亚太经济一体化进程。20 世纪 80 年代中期以来，世界经济形势发生了深刻变化，这些变化推动了新一轮区域经济一体化的浪潮。第一，进入 20 世纪 80 年代，欧洲、日本经济的崛起打破了美国经济独霸天下的局面，欧洲和亚洲区域内部商品和资本流动增加，降低了世界经济对美国的依赖，为区域经济一体化发展提供了经济基础。第二，20 世纪 80 年代以来，乌拉圭回合谈判进展缓慢，WTO 各成员对多边贸易体制信心下降，开始转向谈判相对容易、内容相对广泛的区域经济合作。各国希望通过参与区域经济合作增强商品和服务的流动性，扩大市场，实现规模经济效应，提高劳动生产率，促进经济增长。第三，进入 20 世纪 90 年代，市场经济体制被世界大多数国家接受，这为不同社会制度的国家开展区域经济合作提供了制度基础。第四，20 世纪 80 年代中期，欧共体理事会签署了《单一欧洲法案》，决定在 1992 年前建立"统一大市场"。欧盟经济一体化进程取得的成绩向世界证明了参与区域经济合作是一种明智的选择。北美区域经济一体化也取得了一定成绩，美国和加拿大签署了自由贸易协定。经济全球化和区域经济一体化的迅速发展给区域经济一体化进程缓慢的亚太国家增添了压力，这些国家意识到加快推进本区域经济一体化的必要性和迫切性。欧共体的"统一大市场"计划也引起了亚太国家对贸易保护主义的顾虑,推动地区经济合作,加强竞争力成为这些国家关注的焦点,APEC应运而生。第五,亚太经济的发展推动了亚太各国之间在产业结构上的互补性合作,加强了区域内各国相互依赖的贸易关系。20世纪六七十年代,日本对亚洲"四小龙"和东盟国家的投资和技术转移使得这些国家经济迅速发展,形成了以日本为首的雁行经济带,区域间的经贸往来日益加强。20世纪七八十年代,日本同北美的贸易额扩大了10倍,同亚洲"四小龙"的贸易额扩大了18倍;北美同亚洲"四小龙"的贸易额扩大了48倍。1988年,北美同太平洋地区的贸易额首次超过了其与大西洋地区的贸易额。① 随着亚太地区经济发展,各经济体之间的经贸往来加强,寻求某种方式的经济合作成为其共同的诉求,APEC在此背景下应运而生。

20世纪90年代后期,东亚国家深受亚洲金融危机困扰,APEC因运行机制存在缺陷,无法有效应对金融危机。东盟意识到单靠自身力量无法抵御外部冲击,必须通过加强内部经济融合和外部区域经济合作提升抵御风险的能力。1997年12月,东盟提出到2020年建设成"东盟共同体"的设想。2015年,东盟宣布建成"东盟共同体"。在这期间,东盟也致力于推动外部区域经济合作,建立了"10+1""10+3""10+6"机制,并于2012年提出建立RCEP。东亚国家在推进区域经济一体化过程中能够恪守相互尊重、协商一致、同舟共济、兼顾各方利益的原则,充分展现了团结合作,共同应对外部风险挑战的坚强决心。

---

① 孙承. 亚太经济合作的历史、现状与展望 [J]. 国际经贸研究, 1994 (1): 18.

（三）文化上：各国文化交流互鉴

亚洲是人类最早的定居地之一，也是人类文明的重要发祥地。亚洲地大物博、山河秀美，在世界三分之一的陆地上居住着全球三分之二的人口，47个国家、1000多个民族星罗棋布。亚洲先人们早就开始了文明交流互鉴。丝绸之路、茶叶之路、香料之路等古老商路，助推丝绸、茶叶、陶瓷、香料、绘画雕塑等风靡亚洲各国，也见证了亚洲先人们交往交流、互通有无的文明对话。在数千年发展历程中，亚洲人民创造了辉煌的文明成果。《诗经》《论语》《塔木德》《一千零一夜》《梨俱吠陀》《源氏物语》等名篇经典，楔形文字、地图、玻璃、阿拉伯数字、造纸术、印刷术等发明创造，长城、麦加大清真寺、泰姬陵、吴哥窟等恢宏建筑……都是人类文明的宝贵财富。各种文明在这片土地上交相辉映，谱写了亚洲文明发展史诗。现在，"一带一路""两廊一圈""欧亚经济联盟"等拓展了文明交流互鉴的途径，各国在科技、教育、文化、卫生、民间交往等领域的合作蓬勃开展，亚洲文明也在自身内部及同世界文明的交流互鉴中发展壮大。①

"一带一路"将在一定程度上推动与沿线国家和地区的文化交流。习近平总书记在第一届"一带一路"国际合作高峰论坛上发表主旨演讲，指出要将"一带一路"建成文明之路。文化部印发了《"一带一路"文化发展行动计划（2016—2020年）》，进一步健全"一带一路"文化交流合作机制，完善"一带一路"文化交流平台，打造"一带一路"文化交流品牌，推动"一带一路"文化产业繁荣发展，促进"一

---

① 习近平. 深化文明交流互鉴 共建亚洲命运共同体——在亚洲文明对话开幕式上的主旨演讲［N］. 人民日报，2019-05-16（2）.

带一路"文化贸易合作。① 中国与沿线国家和地区互办艺术节、电影节、音乐节、文物展、图书展等活动，合作开展图书广播影视精品创作和互译互播。丝绸之路国际剧院、博物馆、艺术节、图书馆、美术馆联盟相继成立。中国与中东欧、东盟、俄罗斯、尼泊尔、希腊、埃及、南非等国家和地区共同举办文化年活动，形成了"丝路之旅""中非文化聚焦"等十余个文化交流品牌，打造了丝绸之路（敦煌）国际文化博览会、丝绸之路国际艺术节、海上丝绸之路国际艺术节等一批大型文化节会，在沿线国家设立了 17 个中国文化中心。中国与印度尼西亚、缅甸、塞尔维亚、新加坡、沙特阿拉伯等国签订了文化遗产合作文件。中国、哈萨克斯坦、吉尔吉斯斯坦"丝绸之路：长安—天山廊道的路网"联合申遗成功。"一带一路"新闻合作联盟建设积极推进。丝绸之路沿线民间组织合作网络成员已达 310 家，成为推动民间友好合作的重要平台。②

亚太地区文化交流是推动亚太经济一体化的社会根基。随着文化交流内容的不断丰富、层次的不断提高，亚太经济一体化深入推进的民意基础将越发坚实。

（四）安全上：有共同应对传统安全和非传统安全的愿望

党的十九大报告指出："世界正处于大发展大变革大调整时期，和平与发展仍然是时代主题。世界多极化、经济全球化、社会信息化、文

---

① 中华人民共和国文化部．"一带一路"文化发展行动计划（2016—2020 年）［EB/OL］．中国政府网，2016-12-29．
② 推进"一带一路"建设工作领导小组办公室．共建"一带一路"倡议：进展、贡献与展望［EB/OL］．中国一带一路网，2019-04-22．

化多样化深入发展，全球治理体系和国际秩序变革加速推进，各国相互联系和依存日益加深，国际力量对比更趋平衡，和平发展大势不可逆转。同时，世界面临的不稳定性不确定性突出，世界经济增长动能不足，贫富分化日益严重，地区热点问题此起彼伏，恐怖主义、网络安全、重大传染性疾病、气候变化等非传统安全威胁持续蔓延，人类面临许多共同挑战。"具体到亚洲地区而言，亚洲国家地理位置接近，经贸往来密切，人文交流频繁，共同面临一些传统安全和非传统安全。一些历史遗留问题尚未解决，现实矛盾和分歧却有扩大之势。尽管如此，多数亚洲国家仍把注意力集中到经济建设上，深知为本国经济和社会发展构建一个和平环境的重要性。亚洲国家具有应对非传统安全的愿望，努力走出一条共建、共享、共赢的合作安全之路。

亚洲国家为加强合作，增进信任，建立了安全合作机制——亚洲相互协作与信任措施会议（简称"亚信会"）。28 年来，亚信会致力于增进各国互信和协作，维护地区安全和稳定，为促进亚洲和平与发展发挥了积极作用。习近平总书记在 2014 年亚信峰会上提出践行共同、综合、合作、可持续的新安全观。共同安全就是尊重和保障每一个国家的安全；综合安全就是要统筹维护传统安全和非传统安全；合作安全就是通过对话合作，促进各国和本地区安全；可持续安全就是安全与发展并重，以实现持久安全。这一新安全观探索符合亚洲特点和各国共同利益的安全和发展道路，得到了各方积极响应。建设互敬互信的亚洲是亚洲各国的共同期待，建设安全稳定的亚洲是亚洲各国的共同目标，建设发展繁荣的亚洲是亚洲各国的共同愿景，建设开放包容的亚洲是亚洲各国的共同追求，建设合作创新的亚洲是亚洲各国的共同需要。①

亚洲各国人民顺应世界多极化和区域一体化潮流，紧扣地区各国维护安全和实现发展的现实需求，积极致力于探索符合亚洲特点和各国共同诉求的安全与发展之路，为推进亚太经济一体化提供了有利的外部环境。

（五）生态上：推动可持续发展

亚太地区在推动贸易投资自由化便利化的同时，注重推动经济可持续发展，并取得了一些成绩。APEC 自成立以来一直将环境合作融入经济一体化合作中，努力协调经贸合作与环境合作的关系。如表 4-1 所示，APEC 分别于 1994 年、1996 年、1997 年、2012 年举行了四次环境保护与可持续发展部长级会议，并通过了一系列成果。这些成果强调，各经济体要加强协调，注意防止环境恶化对亚太地区经济可持续增长的影响，要把环境保护纳入贸易投资自由化便利化和经济技术合作中。

表 4-1　APEC 环境合作与可持续发展部长级会议一览表

时间	地点	主要议题	成果
1994	加拿大	重点讨论区域环境合作一般原则、环境技术、可持续城市和政策手段等内容，并就如何处理环境与发展的关系提出了指导性意见	通过《APEC 环境展望声明》和《APEC 经济与环境结合原则框架》
1996	菲律宾	重点讨论可持续城市、清洁生产和可持续海洋等议题	通过《APEC 可持续发展行动计划》及《可持续发展部长宣言》

---

① 习近平. 积极树立亚洲安全观　共创安全合作新局面——在亚洲相互协作与信任措施会议第四次峰会上的讲话 [N]. 人民日报, 2014-05-22 (2).

续表

时间	地点	主要议题	成果
1997	加拿大	讨论 APEC 地区的部长会议联合声明、可持续发展城市、可持续海洋环境、清洁生产和清洁技术等议题	通过《APEC 可持续发展部长会议联合声明》《APEC 可持续发展城市行动计划》《APEC 清洁生产战略文件》
2012	俄罗斯	讨论保护生物多样性、自然资源可持续利用、水资源可持续管理和跨境水道、跨境空气污染及气候变化、绿色发展等议题	通过《2012 年 APEC 环境部长会议哈巴罗夫斯克声明》

资料来源：中国—东盟环境保护合作中心官网、APEC 官网。

2013 年 APEC 印尼巴厘岛部长级会议批准同有关协助执行 APEC 环境商品承诺的能力建设活动的建议，并指导官员注重为各经济体执行 APEC 领导人做出的降低 54 种环境商品关税的承诺所必需的能力建设；建立 APEC 环境商品和服务公私合作伙伴关系，并指导官员们把这个新论坛作为加强该部门对话的平台；强调致力于加强该地区在贸易和环境问题上的区域合作，并分享在该领域的区域贸易协定的做法。

2014 年 APEC 北京部长级会议强调各成员履行 2015 年年底之前降低环保产品关税的开创性承诺，对于实现经济和环境效益均至关重要；呼吁官员们根据 2012 年领导人承诺，在 2015 年贸易部长级会议上提交实施计划；欢迎为开展环境货物承诺能力建设而开展的工作，举办关于可再生能源和清洁能源贸易与投资的环境商品和服务公私伙伴关系的第一次会议；批准《亚太经合组织关于促进可再生能源和清洁能源（RCE）贸易和投资的声明》，并致力于为 RCE 贸易和投资创造有利的环境。

2015 年 APEC 菲律宾马尼拉部长级会议提出按照领导人在 2012 年达成的协议，到年底，将 54 种环境商品清单中的适用关税降低到 5% 或以下；敦促尚未完全履行承诺的成员按时完成，指导官员在年底之前合并所有经济体的最终实施计划，并将这些计划发布在 APEC 网站上；欢迎通过环境服务行动计划（Environmental Services Action Plan，ESAP），以促进环境服务的自由化便利化与合作。指导官员根据 ESAP 采取行动。

2016 年 APEC 秘鲁利马部长级会议表示欢迎《巴黎协定》，APEC 在相关领域的行动将保护人类健康和环境，刺激绿色投资，并带动全球发展低碳经济；对于那些已实现领导人对 APEC 所做开创性承诺的经济体，我们表示祝贺，并强烈敦促尚未将环境商品清单中的适用关税降低至 5% 或以下的经济体，尽快履行承诺；欢迎 PSU 完成环境服务监管措施调查。期待进一步的研究，根据 ESAP 的设想，建立和增进对较广泛服务在环境行业和企业中所发挥的作用的共识。APEC 绿色供应链合作网络（Cooperation Network on Green Supply Chain，简称 GSCNET）的工作取得进展，建立了由 GSCNET 天津试点中心运营的双语网站。APEC 欢迎加入 GSCNET 的新成员机构，并鼓励成员推荐更多的机构和专家参与，为运作良好的 GSCNET 做出贡献。

2017 年 APEC 越南岘港部长级会议再次敦促尚未将环境商品清单中的适用关税降低至 5% 或以下的经济体，尽快履行承诺，并期待 ESAP 的实施取得进一步的具体成果。

在推进区域经济一体化过程中纳入环境议题，既能促进经济一体化组织内部经济贸易合作发展，促进贸易竞争的公平性，也能够推进地区和世界经济可持续发展。亚太地区在推进经济一体化过程中注重协调贸易与环境的关系，有利于平衡各方之间的利益和诉求，有利于发挥各方的作用，实现共同发展，深入推进经济一体化建设。

第二节 "一带一路":推进亚太经济一体化和 构建人类命运共同体的重要平台

中国是亚太区域经济合作的重要参与方,同时是"一带一路"及"人类命运共同体"思想的倡导者和推动者。"一带一路"建设为推动亚太经济一体化提供新动力,推进亚太经济一体化,助推构建亚太命运共同体,进而构建人类命运共同体。

一、"一带一路"助推亚太经济一体化

"一带一路"建设和亚太区域经济一体化建设是中国扩大和深化对外开放的两个重要抓手,二者并行不悖,相互补充。从地理范围看,"一带一路"覆盖区域与 APEC 地区有较大重合。APEC 目前共有亚太地区 21 个成员,而"一带一路"沿线共 65 个国家和地区,横跨欧亚两个大洲,不仅覆盖了 10 个 APEC 经济体(包括中国、中国香港、俄罗斯和东盟七国 10 个国家和地区),还将战略腹地继续向西延伸至中西亚、南亚,甚至中东欧地区,形成了面向欧亚、辐射全球的互联互通战略布局。如果考虑亚洲基础设施建设投资银行的 57 个创始成员国,那么"一带一路"倡议惠及的 APEC 经济体还将包括澳大利亚、新西兰和韩国。从经济体量上看,"一带一路"沿线国家和地区覆盖总人口约45.5 亿,约占全球总人口的 62.0%;贸易总额超过 15.6 万亿美元,约占全球总贸易额的 31.6%。其中,与 APEC 重合的经济体人口总数约为

20.8 亿，约占"一带一路"全部沿线国家和地区人口的 45.6%、APEC 全部成员经济体人口的 73.5%；贸易总额超过 10.3 万亿，约占"一带一路"沿线国家和地区贸易总量的 65.8%、APEC 成员经济体的 45.1%。①

"一带一路"与亚太经济一体化有较强的相关性。"一带一路"建设为深入推进亚太经济一体化建设创造了有利条件。"一带一路"倡议以"五通"即政策沟通、设施联通、贸易畅通、资金融通、民心相通为合作重点，助推亚太地区互联互通，推动亚太地区一体化进程。第一，加强政策沟通是"一带一路"建设的重要保障。沿线国家构建政府间宏观政策沟通交流机制，有效对接政策，共同制订合作规划，协商解决合作中的问题。亚太地区国家在参与"一带一路"建设中，通过相互间政策沟通，不断增强政治互信，促进利益融合，有利于深入开展经济合作。第二，设施联通是"一带一路"建设的优先领域。通过设施联通，加强交通基础设施建设、加强能源基础设施互联互通、加强通信干线网络建设，建立由铁路、公路、航运、航空、管道和空间综合信息网络组成的综合互联互通网络，为推进亚太地区贸易投资自由化便利化，深化经济技术合作，进而推进亚太经济一体化建设提供基础设施保障。第三，贸易畅通是"一带一路"建设的重要内容。"一带一路"沿线国家通过推进贸易和投资自由化便利化，消除贸易和投资壁垒，有利于构建沿线地区和亚太地区良好的营商环境。此外，沿线国家除进行包括货物贸易、原产地规则、海关、检验检疫、投资、服务贸易等传统贸易议题谈判外，还涉及劳工、电子商务、政府采购、环境、竞争政策、

---

① 盛斌，果婷."一带一路"倡议与 APEC 区域经济合作 [J]. 亚太经济，2017（2）：6.

国有企业、商业便利、知识产权等新议题，推动商签 FTA，进而推动亚太经济一体化。第四，资金融通是"一带一路"的重要支撑。沿线国家通过资金融通深化金融合作，推进亚洲货币稳定体系、投融资体系和信用体系建设，扩大双边本币互换、结算范围和规模，推动亚洲证券市场开放和发展，加强金融监管合作。在此过程中，亚太区域金融合作将得以加强，亚太地区投融资变得更为便利，助推亚太经济一体化。第五，民心相通是"一带一路"建设的社会根基。沿线国家通过文化交流、旅游合作、学术往来、卫生健康合作、青年和妇女交往等形式开展交流，为深化沿线国家双边交流奠定坚实的民意基础，为推进亚太经济一体化提供有利的外部环境。

二、亚太经济一体化助推亚太命运共同体

亚太经济一体化不断推进，利益交融不断加深，为亚太命运共同体奠定了坚实基础。亚太地区经济一体化安排以及"一带一路"建设可以推动亚太地区经济合作、贸易合作、投资合作，不断推动亚太地区各经济体间利益的逐渐加深，进而能够不断扩大利益共识，夯实亚太命运共同体的经济基础。"亚太梦想"就是："坚持亚太大家庭精神和命运共同体意识，顺应和平、发展、合作、共赢的时代潮流，共同致力于亚太繁荣进步；就是继续引领世界发展大势，为人类福祉做出更大贡献；就是让经济更有活力，贸易更加自由，投资更加便利，道路更加通畅，人与人交往更加密切；就是让人民过上更加安宁富足的生活，让孩子们

成长得更好、工作得更好、生活得更好。①"

　　亚太地区经济一体化安排是推动建立亚太命运共同体的主要动力。截至 2018 年年底，APEC 成员间共签署 71 个 FTA，成员对 FTA 伙伴国出口额占 APEC 成员出口总额的 50%，进口额占 APEC 成员进口总额的 46.3%。② 此外，CPTPP 作为亚太地区首个生效的巨型 FTA，能为成员带来一定经济收益，促进成员间利益融通，推动亚太地区经济发展。如表 4-2 所示，CPTPP 的实施将推动其主要成员的实际 GDP 增长，其中东盟国家成员受益最大，实际 GDP 增加 0.11 个百分点，日本、澳新和其他 TPP 成员的实际 GDP 分别增加 0.03、0.03、0.02 个百分点。CPTPP 的实施也将普遍推动各主要成员消费者福利水平增加，其中日本消费者福利水平提升幅度最大，达到 42.75 亿美元。各主要成员的进出口贸易数量和金额也普遍出现增加。亚太经济体通过参与亚太经济一体化建设，加强彼此间经贸往来，建立紧密经贸合作关系，推进亚太地区贸易投资自由化和便利化，深化该地区经贸合作成果，有利于该地区持续发展，为构建亚太命运共同体创造有利环境。

表 4-2　CPTPP 对其成员经济影响

国家和地区	实际 GDP 增长率变动（%）	福利水平变动（百万美元）	出口数量增长率变动（%）	进口数量增长率变动（%）	出口金额增长率变动（%）	进口金额增长率变动（%）	贸易条件变动（%）
日本	0.03	4275.38	0.95	1.94	1.36	1.95	0.40
澳新	0.03	2266.23	0.72	2.91	1.73	2.96	0.95

---

① 习近平.谋求持久发展　共筑亚太梦想——在亚太经合组织工商领导人峰会开幕式上的演讲［N］.人民日报，2014-11-10（2）.
② PSU. Policy in Charts 2019［EB/OL］. APEC，2019.

续表

国家和地区	实际GDP增长率变动（%）	福利水平变动（百万美元）	出口数量增长率变动（%）	进口数量增长率变动（%）	出口金额增长率变动（%）	进口金额增长率变动（%）	贸易条件变动（%）
东盟国家成员	0.11	1347.25	0.77	1.40	0.93	1.44	0.12
其他成员	0.02	813.47	0.47	0.66	0.45	0.62	0.03

数据来源：杨立强，余稳策．从 TPP 到 CPTPP：参与各方谈判动机与贸易利得变化分析［J］．亚太经济，2018（5）：57-64.

　　"一带一路"倡议促进亚太地区互联互通，促进亚太经济体间利益交融。2013—2018 年，中国与沿线国家货物贸易进出口总额超过 6 万亿美元，年均增长率高于同期中国对外贸易增速，占中国货物贸易总额的比重达到 27.4%。其中，2018 年，中国与沿线国家货物贸易进出口总额达到 1.3 万亿美元，同比增长 16.4%。中国与沿线国家服务贸易由小到大、稳步发展。2017 年，中国与沿线国家服务贸易进出口额达 977.6 亿美元，同比增长 18.4%，占中国服务贸易总额的 14.1%，比 2016 年提高 1.6 个百分点。① 世界银行研究组分析了共建"一带一路"倡议对 71 个潜在参与国的贸易影响，发现共建"一带一路"倡议将使参与国之间的贸易往来增加 4.1%。中国积极与"一带一路"沿线国家商签 FTA。中国与东盟、新加坡、巴基斯坦、格鲁吉亚等多个国家和地区签署或升级了自由贸易协定，与欧亚经济联盟签署经贸合作协定，与沿线国家的自由贸易区网络体系逐步形成。此外，"一带一路"促进亚太地区金融联通，为助推亚太命运共同体提供稳定、透明、高质量的资

---

① 推进"一带一路"建设工作领导小组．共建"一带一路"倡议：进展、贡献与展望［EB/OL］．中国一带一路网，2019-04-22.

金支持。各国支持金融资源服务于相关国家和地区的实体经济发展，重点加大对基础设施互联互通、贸易投资、产能合作等领域的融资支持。中国人民银行与世界银行集团下属的国际金融公司、泛美开发银行、非洲开发银行和欧洲复兴开发银行等多边开发机构开展联合融资，截至2018年年底已累计投资100多个项目，覆盖70多个国家和地区。2017年11月，中国—中东欧银联体成立，成员包括中国、匈牙利、捷克、斯洛伐克、克罗地亚等14个国家的金融机构。2018年7月、9月，中国—阿拉伯国家银行联合体、中非金融合作银行联合体成立，建立了中国与阿拉伯国家之间、非洲国家之间的首个多边金融合作机制。①

三、亚太命运共同体助推人类命运共同体

习近平总书记指出："亚太地区汇集了古老文明和新兴力量，创造了悠久历史和灿烂文化。这里的人民勤劳，这里的山河美丽，这里的发展动力强劲，这里的未来前景光明。今天的亚太，占世界人口的40%、经济总量的57%、贸易总量的48%，是全球经济发展速度最快、潜力最大、合作最为活跃的地区，是世界经济复苏和发展的重要引擎。"②亚太地区在世界上占有举足轻重的地位，实现亚太命运共同体对于构建人类命运共同体发挥重要作用。亚太地区积极构建亚太命运共同体，为构建人类命运共同体打下坚实基础。

---

① 推进"一带一路"建设工作领导小组. 共建"一带一路"倡议：进展、贡献与展望 [EB/OL]. 中国一带一路网，2019-04-22.

② 习近平. 谋求持久发展　共筑亚太梦想——在亚太经合组织工商领导人峰会开幕式上的演讲 [N]. 人民日报，2014-11-10 (2).

　　构建亚太命运共同体是一个系统性工程，需要亚太各经济体从伙伴关系、安全格局、经济发展、文明交流和生态建设五方面做出努力。第一，亚太经济体需要相互尊重、平等相待。亚太地区经济体之间经济社会发展存在诸多差异，需要在和平共处五项原则基础上进行平等合作，涉及共同利益的事情要一起商量着来办；需要包容互鉴，尊重他方对发展道路和模式的选择，求同存异、兼容并蓄、共生共荣。第二，亚太各经济体需要坚持合作共赢、共同发展。亚太各经济体在经济合作过程中，坚持互利合作，在实现自身利益的同时，要兼顾他国利益，寻求利益契合点和合作最大公约数，促进共同发展。推进亚太地区经济合作机制化、平台化建设，实现亚太经济一体化，是构建亚太命运共同体的经济抓手。构建亚太命运共同体是构建人类命运共同体的关键一步。近些年，中国致力于与亚太经济体商签FTA，中国已签订的19个FTA覆盖13个亚太经济体。此外，中国牵头建立亚洲基础设施投资银行，为亚洲经济发展提供资金支持，向基础设施领域注资，改善亚洲基础设施。与其他机构开展双边和多边合作，推动本地区发展，构建合作共赢的伙伴关系。第三，亚太经济体需要坚持实现共同、综合、合作、可持续的安全观。党的十九大报告指出："世界正处于大发展大变革大调整时期，和平与发展仍然是时代主题。世界多极化、经济全球化、社会信息化、文化多样化深入发展，全球治理体系和国际秩序变革加速推进，各国相互联系和依存日益加深，国际力量对比更趋平衡，和平发展大势不可逆转。同时，世界面临的不稳定性不确定性突出，世界经济增长动能不足，贫富分化日益严重，地区热点问题此起彼伏，恐怖主义、网络安全、重大传染性疾病、气候变化等非传统安全威胁持续蔓延，人类面临许多共同挑战。"面对人类共同挑战，没有哪一个国家能够独善其身，退回自我封闭的孤岛。为有效应对传统和非传统安全威胁，亚太各经济体需要相互尊重、平等协商，以对话解决争端，以协商化解分歧，摒弃冷战思维，创新安全理念，走出一条共建、共享、共赢的亚洲安全之路。第四，亚太经济体需要坚持不同文明兼容并蓄、交流互鉴。在漫长的历史长河中，亚洲孕育了众多古老文明，彼此交流互鉴，相得益彰，为人类文明进步做出了重要贡献。亚洲各经济体需要加强文明交流对话，取长补短，发挥文化作为连接各国的桥梁和纽带作用，努力实现共同发展。第五，亚太经济体需要坚持走绿色、低碳、循环、可持续发展之路。亚太经济体需要平衡推进 2030 年可持续发展议程，合作应对气候变化，不断开拓生产发展、生活富裕、生态良好的文明发展道路，构建尊崇自然、绿色发展的全球生态体系。

第五章

亚太经济一体化主要参与方的战略博弈

亚太经济体在政治制度、经济发展水平、历史文化等方面差异较为明显，这种差异性和多样性在一定程度上决定了亚太经济一体化的长期性和复杂性，同时还伴随着主要参与方的战略博弈。亚太经济一体化主要参与方的战略博弈集中表现在对亚太经济一体化主导权的争夺上，各国据此制定了本国参与亚太经济一体化的战略，并展开激烈博弈。

第一节　亚太经济一体化主要参与方的战略选择

亚太经济一体化主要参与方（美国、日本、东盟、印度、澳大利亚、新西兰、中国）依据实现本国利益最大化原则，基于政治、经济、外交、安全等方面考虑，分别制定了本国参与区域经济合作的战略。

一、美国的区域经济一体化战略

（一）美国参与区域经济一体化概况

"二战"结束后，美国建立其主导的多边贸易体制，认为非歧视原则符合所有国家的经济利益，因此反对违背非歧视性原则。20 世纪 70 年代，美国等主要发达国家终止了长达 20 年的经济高速增长，进入了长达 10 年之久的滞胀时期。20 世纪 80 年代初，美国为推动经济复苏，试图通过多边贸易谈判打开其他国家市场，但得到的其他国家的支持十分有限。此后，乌拉圭回合谈判虽已启动，但进展缓慢。与此同时，欧洲经济一体化如火如荼地进行着，美国对此深感压力，担心被挤出欧洲市场。加之，美国商品进入日本市场也很困难。在这种情况下，美国采取了较为务实的做法，开始重视双边及区域经济合作。在全球多边贸易谈判步履维艰的情况下，参与区域经济合作为美国制定全新高标准国际经贸规则提供了契机。为进一步加强与以色列关系，实现大中东计划，稀释以色列—欧盟自由贸易协定对美国出口带来的冲击，减少以色列对美国出口的依赖，同时对停滞不前的多边贸易谈判施加影响，美国于 1985 年 9 月与以色列签订了第一个自由贸易协定。

在欧洲地区，20 世纪 90 年代，欧洲统一大市场的形成和欧盟的建立，使欧洲经济一体化迅猛发展。亚太经合组织也于 1991 年成立，亚太地区经济一体化也迈上了一个新的台阶。美国最初试图借助 APEC 主导亚太经济一体化进程，却未能如愿以偿，其备感压力，越发意识到加快区域经济合作步伐的紧迫感和重要性，遂加快建立其主导的西半球区域经济集团的步伐。美国于 1988 年与加拿大签订了双边自由贸易协定，1994 年墨西哥加入该协定而形成了 NAFTA。特朗普政府执政后，美国宣布重新谈判 NAFTA，于 2018 年 11 月与墨西哥、加拿大签订美墨加自由贸易协定。此外，美国与智利、多米尼加、中美洲五国、哥伦比亚、巴拿马签订 FTA。在亚太地区，APEC 建立之后在推动亚太地区贸易投资自由化和便利化方面取得了一定成绩，但其"软机制"存在自身缺陷，以及成员数量多，经济发展水平呈现多样化，在诸多问题上分歧严重，因此发展缓慢。东盟国家对 APEC 失去信心，另寻出路，建立了东盟自由贸易区，并建立了东盟主导的"东盟+N"机制。鉴此，美国为抵消这些区域一体化安排给美国企业进入东盟市场带来的不利影响，先后与新加坡、泰国、马来西亚等国商签自由贸易协定，并于2003 年提出建立美国—东盟自由贸易区的计划。2001 年，"9·11"事件爆发后，美国集中精力反对恐怖主义，战略中心转向中东地区，对亚太地区关注度降低。在此期间，亚太地区形成东盟主导的区域经济一体化格局。美国不甘被排除在外，于 2006 年提出 FTAAP，试图推动其主导的 APEC 进一步发展，但因各国意见不一致而被搁置。美国遂以东亚峰会为突破口，于 2010 年加入该机制，介入东亚区域经济合作中。与此同时，以 TPP 为抓手，谋取亚太区域经济合作主导权。2017 年，特朗普宣布退出 TPP，转向商签高标准的双边自由贸易协定。2018 年美韩重新签订 FTA。在中东地区，美国在积极参与亚太经济一体化过程中，加快在中东地区布局，通过商签自由贸易协定推进中东战略，实现大中东计划。美国先后与约旦、摩洛哥、巴林、阿曼签订了自由贸易协定。美国在中东商签自由贸易协定除了削减贸易、投资壁垒，打开中东市场外，还试图促进中东地区的民主化和现代化，消除恐怖主义威胁。在非洲地区，美国通过《非洲增长与机会法案》（*African Growth and Opportunity Act*，简称 AGOA）单方面给予符合条件的南部非洲国家进入美国市场的优惠。美国还与喀麦隆、摩洛哥、卢旺达等国签订了双边投资协定，与东南非洲共同市场、西非经济货币联盟、毛里求斯、卢旺达、南非等经济体签订了贸易和投资框架协议。美国还与南部非洲关税同盟开启了自由贸易协定的谈判，但因双方在诸多问题上分歧较大，无果而终。在欧洲，美国与欧盟于 2013 年正式启动《跨大西洋贸易和投资伙伴关系协定》（Transatlantic Trade and Investment Partnership，简称 TTIP）谈判。特朗普上台后，双方暂停该协定的谈判。近两年，美国又开始积极推动与欧盟自由贸易协定谈判。

美国参与区域经济一体化除了获取经济利益外，更多地体现了其政治、安全和外交战略诉求。透视美国已签订的自由贸易协定，美国商签自由贸易协定具有以下战略目标。首先，通过商签高标准的 FTA，凭借其巨大的国际影响力和 FTA 网络轴心国地位，向发展中国家施压，逼迫其接受新标准，掌控国际经贸规则制定权，如美国商签 TPP 和 TTIP，旨在铺设以 NAFTA 为主体，以 TPP 和 TTIP 为两翼的全球自贸区网络，掌控全球经贸规则的制定权，取代现行的 WTO 框架下的国际经贸规则，为发展中国家重新设置准入门槛。特朗普上台后转向商签高标准双边 FTA，继续谋取全球经贸规则制定权。其次，借助 FTA 进一步拓展国外市场，扩大就业，增加出口，促进本国经济发展，增强国家经济实力。再次，反恐维稳，确保能源安全和国家安全，例如，与中东铺设自由贸易协定网络，可以拉拢相关国家合作反恐，同时确保石油供应安全。与美洲地区的加拿大、墨西哥、哥伦比亚、巴拿马签订自由贸易协定，同样有着确保石油供应的战略意图。最后，进一步加强与传统盟友的关系，巩固美国在亚太地区和全球的霸权，例如，与传统盟友澳大利亚、新加坡、韩国签订自由贸易协定。

如表 5-1 所示，截至 2020 年底，美国已签订并生效的 FTA 达 14
项，覆盖亚太、中东、美洲等地区。

表 5-1　美国 RTA 概况

已生效的 RTA				
序号	RTA 名称	涵盖范围	类型	生效时间
1	美国—以色列	货物贸易	FTA	1985 年 8 月 19 日
2	美国—约旦	货物贸易/服务贸易	FTA/EIA	2001 年 12 月 17 日
3	美国—新加坡	货物贸易/服务贸易	FTA/EIA	2004 年 1 月 1 日
4	美国—智利	货物贸易/服务贸易	FTA/EIA	2004 年 9 月 1 日
5	美国—澳大利亚	货物贸易/服务贸易	FTA/EIA	2005 年 1 月 1 日
6	美国—摩洛哥	货物贸易/服务贸易	FTA/EIA	2006 年 1 月 1 日
7	美国—多米尼加—中美洲	货物贸易/服务贸易	FTA/EIA	2006 年 3 月 1 日
8	美国—巴林	货物贸易/服务贸易	FTA/EIA	2006 年 8 月 1 日
9	美国—阿曼	货物贸易/服务贸易	FTA/EIA	2009 年 1 月 1 日
10	美国—秘鲁	货物贸易/服务贸易	FTA/EIA	2009 年 2 月 1 日
11	美国—韩国	货物贸易/服务贸易	FTA/EIA	2012 年 3 月 15 日
12	美国—哥伦比亚	货物贸易/服务贸易	FTA/EIA	2012 年 5 月 15 日
13	美国—巴拿马	货物贸易/服务贸易	FTA/EIA	2012 年 10 月 31 日
14	美国—墨西哥—加拿大	货物贸易/服务贸易	FTA/EIA	2020 年 7 月 1 日
已向 WTO 通报的 RTA				
1	EU-US TTIP			

资料来源：WTO RTA Database，USTR。

（二）美国的区域经济一体化战略

美国贸易政策决定着美国参与区域一体化战略。具体到亚太地区而言，美国亚太经济一体化战略又深深打上了美国印太战略的烙印。

1. 遵循自由且公平的贸易谈判方式

20 世纪 70 年代，美国国际收支第一次出现逆差，并持续扩大，美国国内贸易保护呼声高涨。在国内贸易保护主义压力下，里根政府于 1985 年 9 月提出"自由且公平"贸易政策原则，并使用"301"条款促进美国出口。此后，克林顿政府、小布什政府、奥巴马政府都不同程度地推行了"自由且公平"贸易政策，坚信在对等开放基础上的贸易才是公平贸易，要求贸易伙伴国对等开放市场。

特朗普认为美国在其上台之前所签订的 FTA 未能有效保证美国公平地与其他国家开展贸易，导致美国经济利益受损，美国应采取必要措施惩治不公平贸易。这在美国近年来发布的年度贸易总结和贸易政策议程中均有所体现。《总统 2016 年贸易总结和 2017 年贸易政策议程》指出，美国将依据对美国人更自由、更公平的方式扩大贸易。美国将不会为获取地缘政治优势，而无视其在国际经贸往来中遭受的不公平待遇，美国将阻止外国政府实施政府补贴、盗窃知识产权、操纵汇率、国有企业不公平竞争、违反劳工标准等行为。①《总统 2017 年贸易总结和 2018 年贸易政策议程》进一步强调，美国将进一步加大贸易法执法力度，将采取包括单边行动的一切措施，阻止外国不公平贸易行为；美国将采取一切手段确保其他国家给予美国企业公平、互惠的市场准入。美国将

---

① USTR. 2017 Trade Policy Agenda and 2016 Annual Report of the President of the United States on the Trade Agreements Program［EB/OL］. Washington，DC：The Office of the V. S. Trade Representative，2017.

商签使所有美国人都受益的贸易协定。①《总统2018年贸易总结和2019年贸易政策议程》再次强调，现有的国际经贸体系存在很大缺陷，扭曲了市场竞争，致使美国公司和工人处于劣势；美国将继续修正本国所承担的义务，加大贸易法的执法力度，构建更为公平、有效的世界经济；美国将与全球主要市场国家商签新的更好的贸易协定，并加强实施力度。②《总统2019贸易总结和2020贸易政策议程》指出：美国与墨西哥、加拿大签订了平衡且现代的美墨加FTA，取代了NAFTA；与中国签订了可行的、具有历史意义的第一阶段贸易协定，纠正中国不公平贸易做法，平衡中美贸易关系；与日本签订了《美日贸易协定》和《美日数字贸易协定》。同时继续强调，美国将仍然依据"美国第一"原则，进一步加强美国贸易法执法力度，对抗其他国家不公平贸易做法，与贸易伙伴国达成让美国人民真正受益的公平互利的贸易协定。③美国《2017年国家安全战略报告》指出：美国将采取从谈判到贸易制裁等各种措施，打击一切扰乱市场的各种不公平做法。④ 从里根到克林顿，从小布什到奥巴马，再到特朗普，自由且公平贸易原则贯穿美国贸

---

① USTR. 2018 Trade Policy Agenda and 2017 Annual Report of the President of the United States on the Trade Agreements Program [EB/OL]. Washington，DC：The Office of the V. S. Trade Representative，2018.

② USTR. 2019 Trade Policy Agenda and 2018 Annual Report of the President of the United States on the Trade Agreements Program [EB/OL]. Washington，DC：The Office of the V. S. Trade Representative，2019.

③ USRT. 2020 Trade Policy Agenda and 2019 Annual Report of the President of the United States on the Trade Agreements Program [EB/OL]. Washington，DC：The Office of the V. S. Trade Representative，2020.

④ The White House. National Security Strategy of the United States of America [EB/OL].美国白宫官网，2017-12-18.

易政策始终。自由贸易与保护主义在美国并未被割裂开来，而是并行不悖，美国出于政治需要，随时亮出其中一面。自由贸易与贸易保护的对立统一成为美国自由且公平贸易原则背后隐藏的逻辑。① 近年来，美国频繁使用关税、反倾销和反补贴、特别保障措施、保护知识产权的"337 条款""301 条款"等贸易政策工具打击其认定的贸易不公平行为。不难看出，特朗普政府依然延续了自由且公平的贸易政策，通过惩罚性关税、技术封锁等手段打压贸易伙伴国，以贸易保护主义和单边主义实现所谓的"公平贸易"。

2. 通过双边而非多边 FTA 获取国际经济合作主导权

特朗普政府区域经济合作战略由多边 FTA 转向双边 FTA。特朗普政府经过对比分析中国入世前后美国发生的变化得出，美国贸易赤字增加，中等家庭收入降低，就业机会减少，制造业领域失业增加。美国认为，当前的全球贸易体系对中国更好，而对于美国而言并非如此。此外，NAFTA、美韩 FTA 都使得美国贸易赤字增加。鉴于此，美国需要重新审视已签订的贸易协定，聚焦双边 FTA，追求更公平的贸易。② 特朗普在 2017 年越南岘港 APEC 工商领导人峰会上指出：美国愿意本着公平与互惠的原则，与希望与其成为伙伴关系的印度—太平洋国家商签双边自由贸易协定。美国将不再加入那些束缚手脚、出让主权、实际上不具实施可能性的大型协定。③ 美国《2017 年国家安全战略报告》再

---

① 张丽娟. 美国贸易政策的政治经济学 [M]. 北京：经济科学出版社，2017：185.

② USTR. 2017 Trade Policy Agenda and 2016 Annual Report of the President of the United States on the Trade Agreements Program [EB/OL]. Washington, DC: The Office of the V. S. Trade Representative, 2017.

③ The White House. Remarks by President Trump at APEC CEO Summit [EB/OL]. 美国白宫官网，2017-11-10.

次强调，美国将在公平与互惠的基础上商签双边自由贸易协定，并且使现存自由贸易协定与时俱进，确保其符合公平与互惠的原则。美国商签自由贸易协定将坚持在知识产权、数字贸易、农业、劳工、环境等领域的高标准。① 不难看出，美国虽然退出 TPP，但是不会就此放弃对国际经贸规则的制定权，会更倾向与他国进行双边 FTA 谈判，实现最大程度的获益。美国前副贸易代表温迪·卡特勒（Wendy Cutler）指出，美国有可能将 TPP 某些条款用于 NAFTA 谈判中。此言得以证实，墨加自由贸易协定与 TPP 协定文本、内容高度契合。特朗普政府着力与日本、英国、欧盟等发达经济体商签 FTA，并联合日本、欧盟向中国施压，打开中国市场，减少双边贸易逆差。2018 年 10 月，美国政府按照贸易促进授权相关程序通知国会，有意与日本、欧盟和英国商签自由贸易协定。美国意图通过与日本达成意向更公平、更平衡的符合国会要求的自由贸易协定，解决彼此间的关税和非关税壁垒问题；美国试图通过与欧盟签订自由贸易协定，为美国创造更多高薪工作，改善与欧盟的贸易投资环境，进而促进美国经济发展；美国试图通过与英国签订自由贸易协定，消除彼此间关税和非关税壁垒，建立更公平、更深入的经贸关系。② 此外，美国、欧盟、日本联合构建全球经贸新规则，为发展中国家重新设置准入门槛。2017 年 12 月，美日欧举行首轮部长级会谈，就消除第三方国家在产业补贴、非市场导向做法和政策、国有企业、强制

---

① The White House. National Security Strategy of the United States of America [EB/OL]. 美国白宫官网，2017-12-18.

② USTR. 2019 Trade Policy Agenda and 2018 Annual Report of the President of the United States on the Trade Agreements Program [EB/OL]. Washington, DC: The Office of the V. S. Trade Representative, 2019.

性技术转让等领域中破坏市场公平的贸易保护主义行为加强协作。截至 2020 年 1 月，三方举行七轮会谈，并发表联合声明，就产业补贴、国有企业、强制性技术转让等问题达成一致。① 由此可见，特朗普政府试图通过商签双边 FTA，构建 FTA 轴心国地位，同时联合日本、欧盟，将中国排除在其构建的发达国家 FTA 网络，挤压中国国际经济合作战略空间，掌控国际经贸规则制定权。

3. 服务于"美国第一"的外交政策

特朗普在 2016 年 4 月赢得共和党总统候选人时发表演说时提出"美国第一"的概念。这一概念主要包括以下含义：美国的国内利益优先，美国与美国人的安全利益优先，美国工人的就业、收入与安全优先。② 特朗普宣誓就职后，美国白宫发布"美国第一"外交政策（见表 5-2），指出：美国以往签订的贸易协定将美国精英的利益置于辛勤工作的普通蓝领工人的利益之上。这导致美国工厂倒闭，就业机会流向海外，蓝领阶层失业，美国贸易赤字攀升，制造业遭受打击。鉴于此，美国今后在贸易谈判中将把蓝领工人的利益放在首位，利用贸易来促进美国经济增长，创造更多就业机会，改善人民生活水平。美国退出 TPP，重新谈判 NAFTA，是其开始实施该战略的标志。此外，美国将拒绝或重新修订失败的贸易协定，并将采取一切措施制裁那些违反协定，做出有损美国人民利益的行为的国家。美国将组建最强的贸易谈判团队，以确保贸易协定以美国人民利益为上，由美国人民来执行，并且服务于美

① USTR. Joint Statement of the Trilateral Meeting of the Trade Ministers of Japan, the United States and the European Union [EB/OL]. 美国白宫官网，2017-12-18. 2020-01-14.

② 张昆鹏. 特朗普"美国优先"政策的深层次动因及对华政策 [J]. 和平与发展，2017（6）：46.

国人民。美国将通过签署公平、严格的贸易协定来扶持美国制造业，创造就业机会，增加工人工资。

表 5-2　"美国优先"政策主要内容

维度	内容		手段
国内	重振经济		减税、大兴基建、去管制、鼓励制造业从海外回流
	重塑民族国家边界		修建边墙，严格移民资格审查，限制特定国家公民入境
国际	制度层面	经济制度	联合或胁迫盟友、合作伙伴修改现有制度，确保其透明、公开、对等；希望在市场准入、知识产权保护、非关税性壁垒、服务贸易等方面有所斩获
		同盟制度	要求盟友提高国防开支，承担更多的防卫义务
	行为体层面	"修正主义大国"	要求盟友、合作伙伴充当离岸平衡手，与美国共同应对
		"流氓国家"	要求盟友、合作伙伴与美国政策协调一致，维护美国利益
		跨境威胁团体	要求盟友、合作伙伴承担更多责任，与美协同打击极端组织、跨境犯罪集团的网络

资料来源：杨悦，张子介．"美国优先"及其对美韩同盟的影响探析 [J]. 太平洋学报，2019（3）：15.

美国贸易代表办公室 2017—2020 年发布的《总统贸易总结和贸易政策议程》都体现了"美国第一"的外交政策，把商签更好、更公平的贸易协定作为优先关注事项。美国认为，美国贸易政策在过去的 20 年里一直强调通过多边和其他贸易协定促进对外贸易发展，并遵守国际争端解决机制，以期美国工人、农民、农场主、企业受益。然而，事与愿违，美国人在诸多情况下在国际市场上仍处于不利地位。鉴于此，美国需要通过加大贸易法执法力度，签订新的更为公平、有效的贸易协定，捍卫美国主权，借助美国的影响力打开国外市场，提高工人工资，为农民、农场主、服务业从业人员、农业企业提供出口机会，增强美国货物贸易和服务贸易竞争力。美国将此付诸实践，2018 年 9 月，美国与韩国就修订的自由贸易协定达成一致，修订后的协定于 2019 年 1 月生效；2018 年 12 月，美国与墨西哥、加拿大、阿根廷签订《美墨加贸易协定》取代 NAFTA；2018 年 8 月，美国对中国发起"301"调查，继而对自中国进口商品加征关税。

4. 在印太战略框架下签订自由贸易协定，强化经济合作，维护和巩固美国全球霸权地位

美国一直致力于主导亚太区域经济活动，并借此进一步巩固其全球霸权，从里根政府的"太平洋经济共同体"、老布什政府的"太平洋共同体"、克林顿政府的"新太平洋共同体"，到小布什政府支持的 FTAAP、奥巴马政府力推的 TPP，再到特朗普政府的印太战略，都是围绕这一战略意图展开的。TPP 曾是奥巴马政府推行亚太再平衡战略的经济抓手，特朗普上台后，宣布退出 TPP，亚太再平衡战略无疾而终，印太战略应运而生。就战略目标而言，印太战略同亚太再平衡战略如出一辙，都是促进美国对地区的渗透，维持美国在地区的主导权，进而巩固美国的世界霸权地位。印太战略继承了诸多亚太再平衡战略的内容和方法路径，可谓是亚太再平衡战略的加强版。①

特朗普于 2017 年 11 月出访亚洲时提出"自由开放的印太"战略构想，在越南岘港 APEC 工商领导人峰会上阐述了自由开放的印太秩序：

---

① 胡波. 美国"印太战略"趋势与前景 [J]. 太平洋学报，2019（10）：24.

美国依据公平与互惠的原则与印太地区国家发展签订双边自由贸易协定，发展经贸关系，希望其他国家也像美国一样遵守经贸规则，双方平等开放彼此市场，由私营企业而不是政府主导投资；美国将消除与亚洲国家的贸易逆差，采取措施阻止其他国家实行强制性技术转让，盗窃知识产权，阻止其他国家对国有企业进行补贴，扰乱公平竞争，把私营企业挤出市场；为促进印太地区繁荣稳定，美国将携手相关国家解决朝核问题，打击恐怖主义、网络犯罪、腐败、人口贩卖等犯罪活动，进一步强化同盟体系，加强印太地区军事存在。① 美国《2017 年国家安全战略》把印太地区视为美国区域战略的优先位置，并进一步阐述了印太战略。就政治层面而言，美国将进一步巩固现有的同盟关系，同时与主张尊重主权、开展公平互惠贸易、遵守国际秩序的其他国家建立伙伴关系。美国将进一步推进航行自由，依据国际法促使领土领海纠纷和平解决，将和盟友推进实现完全的、可证实的、不可逆的朝鲜半岛无核化目标，推进东北亚核不扩散进程。就经济层面而言，美国鼓励区域合作，以促进航行自由，基础设施建设募资过程透明化，贸易畅通，和平解决争端等。美国将在公平与互惠的基础上商签双边自由贸易协定，开拓平等可靠的出口市场。美国将与盟友加强在高标准基础设施建设方面的合作，将携手澳大利亚、新西兰帮助弱小的太平洋岛国增强抵御经济风险和自然灾害的能力。就军事和安全层面而言，美国将加强在印太地区的军事存在，以便威慑并在必要时击败任何对手，将强化与盟友的军事关系，构建强大的防御网络。2019 年 6 月，美国发布了《印太战略报告：

---

① The White House. Remarks by President Trump at APEC CEO Summit［EB/OL］. 美国白宫官网，2017-11-10.

未雨绸缪、伙伴关系深化、网络化区域建设》①，详细地阐述了印太战略。美国认为自由开放的印太地区是建立在尊重、责任、透明、义务等共同价值观上的。美国作为一个太平洋国家，理应关注印太地区发展。美国将通过加强军事准备、强化盟友和伙伴关系、建设安全网络等方式提升本国在印太地区的存在感，维护印太地区的自由开放，确保印太地区的繁荣稳定。就加强军事准备而言，美国将部署一支能够赢得任何战斗，从而进行有效威慑的联合部队。美国和盟友将确保这支可靠部队处于地区军事前沿，并优先考虑对该部队进行投资，以应对高端对手。就强化盟友和伙伴关系而言，盟友和伙伴网络是实现和平、威慑和可操作能力的倍增器。美国将进一步深化与盟友的伙伴关系，同时与那些主张尊重主权、开展公平互惠贸易、遵守国际秩序的其他国家建立伙伴关系。就建设安全网络而言，美国通过深化与盟友和伙伴国关系，构建安全联盟和伙伴关系网络，维护基于规则的国际秩序。此外，美国正在培养亚洲内部安全关系，构建能够遏制侵略、维持稳定并确保自由进入公共领域的亚洲内部安全网络。就加强对印太地区经济发展的关注而言，加大对该地区基础设施建设的投入，推行私营经济主导的经济发展模式，推广美国发展模式。② 鉴于此，中美区域经济合作制度博弈正在走向基础设施互联互通领域，融资规则、监管规则和技术标准的竞争可能构成两国未来规则竞争焦点之一。③

---

① The Department of Defense. Indo-Pacific Strategy Report: Preparedness, Partnership and Promoting a Networked Region [EB/OL]. 美国国防部官网，2019-07-01.

② The Department of Defense. Mattis Speaks at International Institute for Strategic Studies Shangri-La Dialogue [EB/OL]. 美国国防部官网，2018-06-02.

③ 张群. 亚太区域经济合作中的制度博弈 [J]. 国际关系研究，2018 (6)：101.

美国区域经济合作深深打上了印太战略的烙印。美国将在公平互惠的基础上，商签高标准双边自由贸易协定，发展以投资开放、协议透明、互联互通为原则的自由、公平互惠贸易，对抗中国国有经济，纠正中国"不透明"的商业运作模式，促进美国经济繁荣，以实力确保美国安全，强化美国影响力，巩固美国全球霸主地位。

二、日本的区域经济一体化战略

（一）日本参与区域经济一体化概况

日本国土面积小，资源有限，耕地面积小，农业竞争力弱，因此日本长期采取保护农业政策，限制农产品市场准入。此外，日本一度实行贸易兴国战略，支持 WTO 框架下的多边贸易体制，对区域经济合作并不感兴趣，甚至予以抵触。20 世纪 90 年代末，日本开始关注区域经济合作。日本认为，开展区域经济合作可以加强与非 WTO 成员的经济往来，实现 WTO 框架之外的更高水平的贸易自由化便利化。此外，还可以稀释欧洲经济一体化迅速发展和 NAFTA 建立所带来的外部压力。在这种背景下，日本为避免 NAFTA 和墨西哥—欧盟 FTA 带来的贸易转移效应，选择与墨西哥商签自由贸易协定。鉴于新加坡没有农业，不会因农产品市场开放而产生压力，日本选择与新加坡商签自由贸易协定。

进入 21 世纪，日本 FTA 战略重心先是放在东亚地区，随后扩展至亚太地区。2002 年，日本出台了《日本 FTA 战略》，明确了日本推进 FTA 战略的原因、原则、目标、优先关注事项等。该文件提出，日本选择自由贸易协定谈判对象国的标准主要包括经济、地理、政治外交、实现可能性和时间等。商签自由贸易协定要与 WTO 协定保持一致,评估自由贸易协定对国内产业的影响,选择合理的谈判手段,平衡贸易和投资关系,协调贸易自由化和货币稳定性关系。东亚地区是日本 FTA 重点推进地区。2004 年,日本又出台了《关于今后推进经济伙伴关系协定的基本方针》,进一步明确了日本自由贸易协定谈判对象国选择标准,提出通过与东亚国家签订自由贸易协定来构建东亚共同体。2006年,日本出台《经济全球化战略》,进一步提出东亚经济伙伴协定(EPA)路线图,突出东亚地区在日本 FTA 战略中的地位。在这一战略指导下,日本同马来西亚、泰国、印尼、文莱、东盟、菲律宾、越南等东盟成员签订了 FTA。

始于 2001 年年底的多哈回合谈判经过几轮谈判,因发达国家和发展中国家在农业和非农产品市场准入问题上分歧严重,陷入僵局,无果而终。2009 年,美国加入《跨太平洋战略经济伙伴协议》 (*Trans-Pacific Strategic Economic Partnership Agreement*,简称 TPSEP)并决定将其改名为 TPP。美国试图借助 TPP 获取亚太区域经济合作主导权。在此背景下,日本压力倍增,于 2010 年发布了《关于全面经济合作的基本方针》。该文件指出,亚太地区的繁荣稳定对日本的政治、经济、安全至关重要。日本将积极推动亚太地区双边 EPA 建设,促进地区经济关系发展,并发挥主导作用,参与制定亚太地区经贸规则。为此,日本将重启日韩 FTA,加快推进日本—澳大利亚 FTA、中日韩 FTA、东亚自由贸易区(EAFTA)、东亚全面经济伙伴关系(CEPEA)、FTAAP,就 TPP 相关事宜与其成员进行咨询。这标志着日本区域经济战略重心由东亚地区扩展到亚太地区。

自 2010 年开始，日本 FTA 战略向推进巨型 FTA 建设倾斜。日本于 2012 年出台的《再生战略》、2013 年出台的《再兴战略》、2014 年修订的《再兴战略》等文件均强调，加快推进中日韩 FTA、日本—欧盟 FTA、RCEP、TPP 等巨型 FTA。2013 年，日本加入重新启动的中日韩 FTA 谈判，启动与欧盟 FTA 谈判，加入 RCEP 和 TPP 谈判，把推动巨型 FTA 建设作为推动日本经济复苏的主要措施之一。2018 年 7 月，日本和欧盟正式签订 EPA。在日本的极力推动下，CPTPP 于 2018 年 3 月签订，并于 12 月生效。此外，日本对于推动 RCEP 谈判也表现出积极态度，于 2018 年 7 月承办 RECP 谈判会议。截至 2018 年年底，日本 FTA 比率达到 51.6%。

截至 2020 年底，日本已生效的自由贸易协定达 17 项，向 WTO 通报的达 2 项（见表 5-3）。

表 5-3　日本已经生效以及向 WTO 通报的 RTA

日本已生效的 RTA				
序号	RTA 名称	涵盖范围	类型	生效时间
1	日本—新加坡	货物贸易/服务贸易	FTA/EIA	2002 年 11 月 30 日
2	日本—墨西哥	货物贸易/服务贸易	FTA/EIA	2005 年 4 月 1 日
3	日本—马来西亚	货物贸易/服务贸易	FTA/EIA	2006 年 7 月 13 日
4	日本—智利	货物贸易/服务贸易	FTA/EIA	2007 年 9 月 3 日
5	日本—泰国	货物贸易/服务贸易	FTA/EIA	2007 年 11 月 1 日
6	日本—印度尼西亚	货物贸易/服务贸易	FTA/EIA	2008 年 7 月 1 日
7	日本—文莱	货物贸易/服务贸易	FTA/EIA	2008 年 7 月 31 日
8	日本—东盟	货物贸易	FTA	2008 年 12 月 1 日
9	日本—菲律宾	货物贸易/服务贸易	FTA/EIA	2008 年 12 月 11 日

日本已生效的 RTA				
序号	RTA 名称	涵盖范围	类型	生效时间
10	日本—越南	货物贸易/服务贸易	FTA/EIA	2009 年 10 月 1 日
11	日本—瑞士	货物贸易/服务贸易	FTA/EIA	2009 年 9 月 1 日
12	日本—印度	货物贸易/服务贸易	FTA/EIA	2011 年 9 月 1 日
13	日本—秘鲁	货物贸易/服务贸易	FTA/EIA	2012 年 3 月 1 日
14	日本—澳大利亚	货物贸易/服务贸易	FTA/EIA	2015 年 1 月 15 日
15	日本—蒙古	货物贸易/服务贸易	FTA/EIA	2016 年 6 月 7 日
16	CPTPP	货物贸易/服务贸易	FTA/EIA	2019 年 12 月 30 日
17	日本—欧盟	货物贸易/服务贸易	FTA/EIA	2019 年 4 月 1 日
日本已向 WTO 通报的 RTA				
1	日本—海湾合作委员会 EPA			
2	日本—韩国 EPA			

资料来源：WTO RTA Database。

（二）日本的区域经济一体化战略

日本主要通过商签 EPA 来开展区域经济合作。较 FTA，EPA 关于日本敏感的农业领域的开放的相关规定更为宽泛，日本在区域经济合作谈判中的回旋余地更大。此外，EPA 更注重经济制度和经济一体化层面的建设，日本可以充分借助其经济发展水平高的优势，在谈判中掌握主动权。

第一，应对国内外压力，推动本国经济发展。日本多年来一直推行"贸易兴国"战略，主张多边贸易体制下的自由贸易。然而，随着多哈回合谈判陷入僵局，多边贸易体制停滞不前。美国和欧洲区域经济合作快速发展，日本迫于外在压力，也开始积极关注并推进区域经济合作。

就国内而言，日本进入 20 世纪 90 年代后，经济发展缓慢，经历了失去的 20 年，加之全球金融危机、核泄漏事件、欧洲主权债务危机的影响，日本经济雪上加霜，长期萎靡不振。据 IMF 数据统计，自 1991 年至 2019 年，日本 GDP 年均增长率只有 0.99%（1998 年、2009 年、2011 年都呈现负增长）。在这种情况下，通过开展区域经济合作，推动本国经济发展成为日本的当务之急。而实际上，日本生效的 FTA 确实为其打开国外市场提供了有利支持。日本通过与墨西哥签订 FTA 打开了北美市场，通过与智利签订 FTA 打开了南美市场，通过与印尼签订 FTA 获得了进入东盟市场的便利，通过与印度签订 FTA 拿到了印度市场的入场券。近两年，日本极力推进的巨型 FTA 将为其带来巨大收益。据日本政府估算，CPTPP 将使日本 GDP 增长 1.49%，创造 7.8 万亿日元经济收益，提供 46 万个工作岗位。日本—欧盟 EPA 将使其 GDP 增长 0.99%，创造 5.2 万亿日元的经济收益。[①] RCEP 若削减所有关税，日本实际 GDP 将增长 1.5%，若 50% 的非关税壁垒被削减，日本实际 GDP 将增长 2.8%。[②] 此外，日本能源资源匮乏，能源自给率只有 7%，煤炭、石油、液化天然气、铀等能源资源全部从国外进口。[③] 日本通过商签 EPA，可以缓解资源和能源匮乏问题，确保经济发展所需的能源供应。日本与印尼、文莱、澳大利亚等能源和矿产资源丰富的国家签订的 EPA 中都设置了相关章节，对加强能源资源合作进行了约束。

第二，通过商签高标准 EPA 达到推动国内改革的目的。日本 2002

---

① 贺平. 日本自由贸易战略的新动向及其影响 [J]. 国际问题研究，2018（6）：36.
② 贺平. 日本自由贸易战略的新动向及其影响 [J]. 国际问题研究，2018（6）：36.
③ MOFA. Diplomatic Blue Book 2019 [EB/OL]. 日本外务省官网，2019-11-11.

年发布的《日本 FTA 战略》指出，日本收获 FTA 利益的过程中必将经历开放市场所带来的疼痛，而这恰恰是提供产业结构水平所必要的。① 2010 年发布的《关于全面经济合作基本方针》指出，日本需要进行根本性的国内改革（涉及农业、人员流动、规制改革），以增强竞争力，满足建立经济伙伴关系的需要。② 众所周知，日本耕地少，人口老龄化严重，农业劳动力不足，国际竞争力明显不足，日本为保护农业而实行巨额补贴和关税保护。在日本已生效的 EPA 中，农产品市场开放程度低，约一半农产品被列入例外处理或再协商。与此同时，日本农协（全国最主要的农业团体）和政界中的农林族议员有强大的影响力，时常向政府施压，阻碍农产品市场开放，2010 年就曾阻止日本加入 TPP 谈判。然而，日本在 CPTPP 谈判中未就农林水产等领域提出冻结条款或重新谈判等要求。日本开放市场，推进国内改革的决心可见一斑。CPTPP 使日本自由化率达到 95%，日本—欧盟 EPA 框架下，日本取消了 94% 的对欧关税。日本将借助 CPTPP 和日本—欧盟 ETA 推动农业领域改革，进入农业发展新时代，促进经济增长，成为重要出口国。日本力争到 2019 年年底实现农林水产品和食品出口额达 1 万亿日元，到 2020 年实现基础设施建设合同额达 30 万亿日元。③

第三，积极参与国际经贸规则制定，维护自由开放的国际经贸体系，谋求亚太区域乃至全球经济合作的主导权。日本长期以来一直觊觎

① MOFA. Japan's FTA Strategy (Summary) [EB/OL]. Tokyo：Ministry of Foreign Affairs of Japan, 2002. [2020-04-25] 日本外务省官网.
② MOFA. Basic Policy on Comprehensive Economic Partnerships [EB/OL]. 日本外务省官网, 2010-11-06.
③ 贺平. 日本自由贸易战略的新动向及其影响 [J]. 国际问题研究, 2018 (6)：36.

亚太区域经济合作主导权。早在 2005 年，日本时任首相小泉纯一郎就提出"主导"东亚区域经济一体化的"新理念"，指出日本为构建"包含多样性、共享经济繁荣的开放型东亚共同体发挥积极作用"①。2006年，日本提议建立东亚全面经济伙伴关系（CEPEA），稀释中国所提倡的中国—东盟自由贸易区（EAFTA），防止中国获取亚太区域经济主导权。在美国宣布加入 TPP 后，日本唯美国马首是瞻，也加入并积极推动 TPP 谈判，参与全球经贸规则制定。在美国退出 TPP 之后，日本积极说服剩余成员继续进行谈判，签订 CPTPP，占据亚太区域经济合作的主动权。日本由国际经贸规则制定的跟随者变为塑造者。日本在与欧盟进行谈判过程中，也高度关注国际经贸规则的制定。2018 年，日本、美国、欧盟举行了四轮贸易部长会议，并发表共同声明，对非市场导向做法、产业补贴、国有企业、强制技术转让、WTO 改革等问题达成一致看法。《日本外交蓝皮书 2019》指出，日本的繁荣是建立在自由且开放的国际经济体系上。日本据此积极推动双边 EPA、TPP 和 RCEP 等自由贸易协定，充当"自由贸易的棋手"，推动建立全面的、平衡的、高标准的国际经贸规则。商签自由贸易协定，参与国际经贸规则制定，维护自由开放的国际经贸体系是日本经济外交工作核心之一。② 日本通过积极推动 CPTPP、日本—欧盟 EPA、RCEP 等巨型 FTA，获取参与国际区域经济合作的主动权，在全球经贸规则制定中处于领先地位。

第四，借助 EPA 建设推进印太战略。日本首相安倍晋三于 2016 年8 月在第六届东京非洲发展国际会议上提出印太战略，实现自由开放的

---

① 李俊久. 日本 FTA 战略试论 [J]. 当代亚太，2009（2）：120.

② MOFA. Diplomatic Blue Book 2019 [EB/OL]. 日本外务省官网，2019-11-11.

印太。安倍晋三指出，两大洲（亚洲和非洲）和两大洋（太平洋和印度洋）的融合所带来的生机活力，能够促进世界繁荣和稳定。日本有责任促使两大洲和两大洋交汇，成为重视自由、法治和市场经济，远离武力和威慑之地，并让其繁荣。① 就政治层面而言，日本印太战略强调民主国家同盟关系，推行价值观外交，遵循西方国家所倡导的民主、自由、法治和市场的国际秩序和规则。就安全层面而言，在日美同盟基础上构建以日美澳印四国为核心的安全机制和框架，确保印太地区海洋秩序和海上通道安全，降低中国在该地区的影响力。就经济层面而言，减弱"一带一路"在西线和东线对日本经济发展的影响，扩大出口。② 日本提出建成自由开放印太地区的三大支柱：建立法规，促进自由航行和自由贸易；推动设施联通、民心相通、制度对接，促进地区经济繁荣；通过加强地区能力建设，开展人道主义援助和灾害援助，促进地区和平和稳定。日本通过商签高标准的自由贸易协定，促进贸易投资自由化和便利化，配合推进印太战略。CPTPP 是在全球贸易保护主义兴起的背景下建立自由、公平、高标准的 21 世纪经贸规则的重要一步。日本在力推 CPTPP 的同时，积极参与 FTAAP、RCEP、中日韩 FTA 谈判，力争在区域经济合作中获得最大收益，稀释中国"一带一路"倡议在东线及太平洋方向带来的冲击，削弱中国在印太地区的影响力，拓展日本战略空间。

---

① ABE S. Address by Prime Minister Shinzo Abe at the Opening Session of the Sixth Tokyo International Conference on African Development (TICAD VI) [EB/OL]. 日本外务省官网，2016-09-27.
② 吴怀中. 日本谋取"战略自主"：举措、动因与制约 [J]. 国际问题研究，2018 (6)：16.

三、韩国的区域经济一体化战略

（一）韩国参与区域经济一体化概况

韩国早年奉行"贸易兴国"战略，支持 WTO 框架下多边贸易体系，并未关注区域经济合作。进入 20 世纪 90 年代，随着国际经济形势的变化，韩国逐渐意识到开展区域经济合作的重要性。首先，欧洲和北美区域经济一体化快速发展，欧盟于 1992 年成立，NAFTA 于 1994 年签订，韩国面临由此引发的贸易转移效应的压力，进而转向积极推动自由贸易区建设。其次，1997 年爆发的亚洲金融危机使东亚国家损失惨重，尽管国际货币基金组织给予一定援助，但效果有限且条件苛刻。在这种情况下，东亚各国意识到推进区域经济一体化，吸引投资，倒逼国内改革，促进经济增长的必要性和紧迫性，韩国也积极投身于区域经济合作。最后，始于 2001 年年底的多哈回合谈判因发达国家和发展中国家在农业和非农产品市场准入问题上存在严重分歧，而陷入僵局，无果而终。美国等大国纷纷转向区域经济合作，韩国也不甘落后，积极推进自贸区建设。

1998 年，韩国外交通商部设立 FTA 局，负责 FTA 商签及生效工作。韩国在商签 FTA 初期，本着"费用最小化"原则，比较保守、谨慎，选择与经济规模小、距离远的小国作为 FTA 商签对象，以避免对本国经济造成巨大冲击。韩国分别于 2002 年 10 月、2005 年 8 月与智利和新加坡签署 FTA。

2003 年 9 月，韩国制定了《FTA 推进路线图》，并于 2004 年 5 月对其进行修订。根据修订的《FTA 推进路线图》，韩国依据经济合理性和外交标准选择谈判对象国，分两个阶段推进 FTA：第一阶段通过与智利、新加坡、欧洲自由贸易联盟（EFTA）、加拿大签订 FTA 打开中南美洲、东亚、欧盟、美国市场，第二阶段与世界主要经济体（美国、欧盟、中国等）签订全面高标准的 FTA。在这一政策的指导下，韩国于 2007 年 6 月与欧盟签订 FTA，于 2009 年 7 月与美国签订 FTA。至此，韩国 FTA 覆盖率明显提升，成为 FTA 竞技场的主要玩家之一。[①] 此后，韩国分别于 2012 年 5 月启动中韩 FTA 谈判，于 2013 年 3 月加入中日韩 FTA 谈判，于 2013 年 5 月加入 RCEP 谈判，于 2013 年 11 月表达加入 TPP 谈判的兴趣。

2013 年 6 月，韩国发布了《新贸易路线图》[②]，提出在韩中、韩美 FTA 的基础上，把韩国打造成联结中国主导的 RCEP 和美国主导的 TPP 之间的关键链条，发挥核心轴作用。《新贸易路线图》强调，韩国应坚持开放贸易政策，继续在全球铺设 FTA 网络，在合作共赢的基础上商签与中国、俄罗斯等新兴经济体的 FTA。在此背景下，韩国分别于 2013 年 5 月、2014 年 4 月与土耳其、澳大利亚签订了 FTA，于 2014 年 3 月结束与加拿大的 FTA 谈判。此外，韩国还启动了与印度尼西亚、越南等部分东盟国家的 FTA 谈判。

2015 年 4 月，韩国出台了《新 FTA 推进路线图》，提出更为具体的 FTA 战略，强调政府要积极应对 TPP、RCEP 等巨型 FTA，对现存 FTA 进行升级，提高企业对 FTA 的利用率，推进与中东、中南美等地区新

---

① 金香兰. 日韩 FTA 战略比较研究 [D]. 长春：吉林大学，2018.
② MOCIE. A New Trade Roadmap [EB/OL]. Seoul：MOCIE，2013.

兴经济体之间的 FTA。①

截至 2020 年底，韩国已经生效的 RTA 共 19 项，已向 WTO 通报的共 2 项（见表 5-4）。

表 5-4　韩国已经生效以及向 WTO 通报的 RTA

韩国已生效的 RTA			
序号	RTA 名称	涵盖范围	类型	生效时间
1	贸易谈判协议（PTN）	货物贸易	PSA	1973 年 2 月 11 日
2	亚太贸易协定（APTA）	货物贸易	PSA	1976 年 6 月 17 日
3	发展中国家全球贸易优惠制（GSTP）	货物贸易	PSA	1989 年 4 月 19 日
4	韩国—智利	货物贸易/服务贸易	FTA&EIA	2004 年 4 月 1 日
5	韩国—新加坡	货物贸易/服务贸易	FTA&EIA	2006 年 3 月 2 日
6	韩国—欧洲自由贸易联盟（EFTA）	货物贸易/服务贸易	FTA&EIA	2006 年 9 月 1 日
7	韩国—东盟	货物贸易/服务贸易	FTA&EIA	2010 年 1 月 1 日（G）2009 年 5 月 1 日（S）
8	韩国—印度	货物贸易/服务贸易	FTA&EIA	2010 年 1 月 1 日
9	韩国—欧盟	货物贸易/服务贸易	FTA&EIA	2011 年 7 月 1 日
10	韩国—美国	货物贸易/服务贸易	FTA&EIA	2012 年 3 月 15 日
11	韩国—秘鲁	货物贸易/服务贸易	FTA&EIA	2011 年 9 月 1 日
12	韩国—土耳其	货物贸易	FTA	2013 年 5 月 1 日
13	韩国—澳大利亚	货物贸易/服务贸易	FTA&EIA	2014 年 12 月 12 日
14	韩国—加拿大	货物贸易/服务贸易	FTA&EIA	2015 年 1 月 1 日
15	韩国—新西兰	货物贸易/服务贸易	FTA/EIA	2015 年 12 月 20 日

---

① 金香兰. 日韩 FTA 战略比较研究［D］. 长春：吉林大学，2018.

续表

韩国已生效的 RTA				
序号	RTA 名称	涵盖范围	类型	生效时间
16	韩国—中国	货物贸易/服务贸易	FTA/EIA	2015 年 12 月 20 日
17	韩国—越南	货物贸易/服务贸易	FTA&EIA	2015 年 12 月 20 日
18	韩国—哥伦比亚	货物贸易/服务贸易	FTA&EIA	2016 年 7 月 15 日
19	韩国—中美洲	货物贸易/服务贸易	FTA&EIA	2019 年 10 月 01 日
韩国已向 WTO 通报的 RTA				
1	韩国—日本 FTA			
2	韩国—墨西哥 FTA			

资料来源：WTO RTA Database。

（二）韩国的区域经济一体化战略

韩国区域经济一体化进程起步较晚，但是发展迅速，取得了不错的成绩，成为世界唯一一个同时与美国、欧盟、中国、东盟等主要经济体签订 FTA 的国家。韩国通过参与区域经济一体化拓展海外市场，确保能源供应安全，促进本国经济发展，避免被现存区域经济安排排外而引发不利影响，致力于成为区域经济一体化中的"核心轴"国家。

第一，通过商签 FTA 应对金融危机，确保能源供应安全，促进本国经济发展。通过推进 FTA 建设，应对金融危机。1997 年亚洲金融危机爆发后，金大中政府对韩国的经济和社会结构进行了大幅度改革，通过区域经济合作进一步开拓市场，引进外资，为改革提供动力。2008年爆发的全球金融危机使韩国深受冲击，李明博政府推出"新亚洲倡议"，通过同亚洲国家展开 FTA 谈判，提升彼此间的经贸关系，推进韩国市场多元化。①

通过推进 FTA 建设，确保能源供应安全。韩国国土面积仅 10 万多平方公里，人口 5000 多万。韩国自然资源和能源匮乏，主要依靠进口获得供应。韩国已发现的 280 多种矿物中具有经济价值的不足 60%，主要工业原料都需进口。韩国是世界第八大能源消费国，97% 的能源消费来源于进口，液化天然气和煤炭进口排世界第二，石油进口排世界第四。② 当今世界各国对资源和能源争夺激烈，通过签署 FTA 保证资源和能源供应已经成为各国共识。韩国也将签署 FTA 作为打开资源和能源合作的大门，排除经济发展的后顾之忧。

通过推进 FTA 建设，缓解因对外贸易依存度高产生的压力。韩国长期奉行"贸易强国"战略，实行出口导向型经济发展方式，成功向现代工业社会转变，并成为亚洲"四小龙"成员之一。但是，这种战略在一定程度上导致了韩国经济发展的对外依存度较高。2018 年韩国进出口额占国民总收入（GNI）比率达 86.8%，较前一年增长 2.8%，达四年来最高值。③ 如此高的对外贸易依存度降低了韩国抵御外部冲击的能力，在世界经济出现波动时面临的风险更大，更容易陷入经济危机。韩国政府对此高度警惕，通过推动 FTA 进程来拓展原料的进口市场和产品的出口市场，增加对外贸易的主动权，扩大回旋余地，缓解当下所处的被动局面。

第二，谈判策略从稳定转向激进，战略目标从双边 FTA 中的"轮

---

① 凌胜利. 韩国的中等强国外交演变［J］. 当代韩国，2015（1）：47.

② 数据来源：百度百科。

③ 数据来源：中国驻韩国大使馆经济参赞处官网。

轴"国家转向区域经济一体化中"核心轴"国家。韩国在推进 FTA 建设初期，采取保守政策，依据"费用最小化"原则，选择距离远、经济规模小、利于保护本国农业的经济体进行谈判。基于这些因素考虑，韩国将谈判对象目标国锁定在智利、新加坡、EFTA 等经济体上。智利与韩国贸易互补性强，农产品国际竞争力不强，不会对韩国农业造成冲击；与智利签订 FTA，可以为本国 IT 产业开辟市场，可以打开中南美市场；智利已与美国、欧盟、加拿大主要经济体签订 FTA，并启动与日本、新加坡等国的 FTA 谈判，与智利商签 FTA，可以避免贸易转移效应，还可以为今后与这些发达经济体商签 FTA 奠定基础；新加坡经济规模小，农业落后，对韩国农业构不成威胁；EFTA 成员经济规模小，离韩国较远，对韩国经济冲击小。

自 2003 年开始，韩国放弃"费用最小化"原则，开始实行"利益最大化"原则，FTA 推进策略由保守转为激进，将 FTA 谈判对象锁定在主要发达经济体及市场前景看好的新兴经济体。韩国着力与世界主要经济体（美国、欧盟、中国等）签订 FTA，韩国由此成为世界唯一一个与美国、欧盟、中国和东盟等主要经济体签订 FTA 的国家，构建了以本国为"轮轴"的 FTA 网络。随着 TPP、RCEP 的不断推进，韩国加入两个巨型 FTA 的谈判，致力于将韩国打造成联结 RCEP 和 TPP 的关键链条，在东亚区域经济合作中发挥"核心轴"作用。

第三，针对不同经济发展水平的 FTA 谈判对象国采取灵活策略。①韩国依据不同谈判对象国的经济发展水平，采取不同程度的开放战略。

---

① 沈铭辉，李天国. 韩国对外贸易战略与 FTA 政策的演变 [J]. 亚太经济，2017 (2)：83.

如表 5-5 所示，韩国对美国和欧盟等发达经济体开放程度高，基本实现全面开放。除相互认证、进口限制两项部分开放外，其他各项均对欧盟全面开放。除反倾销部分开放，人员流动尚未开放外，其他各项均对美国全面开放。比较而言，韩国对东盟、印度等发展中国家开放程度较低，对东盟尚未开放的项目有 7 项，部分开放的项目有 4 项，对印度尚未开放的项目有 8 项。

表 5-5　韩国签署的 FTA 自由化程度

	美国	欧盟	新加坡	EFTA	东盟	印度	智利	中国
取消关税	○	○	○	○	○	○	○	○
非关税壁垒	○	○	○	○	△	○	○	△
限制规模	○	○	○	○	○	○	○	○
投资自由化	○	○	○	○	○	○	○	△
服务自由化	○	○	△	△	○	○	△	△
进口限制	○	△	○	○	○	○	○	○
反倾销	△	○	○	○		○	○	△
原产地规则	○	○	○	○	○	○	○	○
海关管理	○	○	○	○	○	○	○	○
相互认证	○	△	○	○	△		△	△
卫生检疫	○	○	○	△	△		○	△
技术壁垒	○	○	○	△	△			△
政府采购	○	○	○				○	
知识产权	○	○	△	○			△	△
竞争政策	○	○	△	△		○		
争端解决	○	○	○	○	○	○	○	○
电子商务	○	○	○					○

续表

	美国	欧盟	新加坡	EFTA	东盟	印度	智利	中国
人员流动		○	△			○	○	△
环境条款	○	○						△
劳工条款	○	○						

注：○代表全面体现相关内容，△代表部分体现相关内容。

资料来源：沈铭辉，李天国. 韩国对外贸易战略与 FTA 政策的演变 [J]. 亚太经济，2017（2）：83.

四、东盟的区域经济一体化战略

（一）东盟参与区域经济一体化概况

东盟于 1967 年成立，受美苏冷战影响，在此后的十多年里一直致力于政治、安全合作，经济合作未被列入优先发展议程。1976 年 2 月，东盟在巴厘岛召开第一次首脑会议，签署了《东南亚友好合作条约》和《东南亚国家联盟协调一致宣言》，前者确立了东盟成员团结合作的总纲领，明确提出"互不干涉内政""用和平手段解决争端""放弃武力或武力威胁"等原则，后者提出在成员间建立长期互惠贸易制。1977年 2 月，东盟成员正式签署《东盟特惠贸易安排协定》（*Preferential Trading Arrangements*，简称 PTA），自此揭开了区域经济一体化的序幕。20 世纪 70—80 年代，东盟内部经济合作主要包括产业合作、贸易合作和投资金融合作等，PTA 对推动东盟贸易投资自由化起到了一定作用，但由于成员间经济结构相似，贸易互补性不强，合作成果有限。

20 世纪 80 年代末至 90 年代初，亚太经济合作组织成立，亚太区域经济合作开启，同时欧洲和北美区域经济合作发展迅速，东盟备感外部区域经济一体化浪潮带来的压力，因此加速推进一体化进程，于 1992 年成立东盟自由贸易区（ASEAN Free Trade Area，简称 AFTA）。2002 年，东盟自由贸易区基本建成，次年东盟成员签署了《东盟第二协调一致宣言》，提出在 2020 年建立东盟共同体（含东盟安全共同体、经济共同体、社会文化共同体）。2004 年，东盟将东盟共同体建成时间提前至 2015 年年底。2015 年 12 月 31 日，东盟宣布建成东盟共同体。

东盟在推进自身一体化的同时，推进其主导的东亚乃至亚太区域经济一体化进程，首先要推动建立"10+N"合作框架。21 世纪初，东盟通过与中国、印度、日本、韩国、澳大利亚和新西兰签订自由贸易协定，形成了以东盟为轴心、以 5 个"10+1"FTA 为轮轴的区域经济一体化格局。近两年，东盟着手对这些协定进行升级或修订，与中国签署自贸区升级协定，批准与澳大利亚和新西兰进行升级谈判的计划，与日本修订自由贸易协定。其次是推动建立"10+3"机制。1997 年年底爆发的亚洲金融危机为东亚各国合作提供了一个契机，东盟邀请中日韩三国召开首次东亚领导人会议，共商应对金融危机，自此拉开了"10+3"东亚合作进程的序幕。最后是推动建立"10+6"机制。2001 年，东亚展望小组在"10+3"第五次领导人会议上提交了题为"迈向东亚共同体"的报告，提出将"10+3"领导人会议演化为"东亚峰会"（East Asia Summit，简称 EAS）。2005 年 12 月，首届东亚峰会召开，东盟、中国、日本、韩国、印度、澳大利亚、新西兰等 16 国领导人出席会议，"10+6"机制由此诞生。2011 年 11 月，美国和俄罗斯参加第六届东盟峰会，"10+6"机制由此扩大到"10+8"机制。

2009年，美国加入TPP谈判，将其作为推行"亚太再平衡"战略的经济抓手。TPP成员中有4个成员是东盟成员。美国主导的TPP对东盟在东亚地区的主导地位构成了严重威胁。在此背景下，东盟在2011年2月召开的第18次经济部长会议上提出建设"区域全面经济伙伴关系"（RCEP），借此稀释来自TPP的冲击。2013年5月，RCEP启动首轮谈判。东盟一直将推动RCEP谈判作为其推进区域经济一体化的优先事项。RCEP相关方于2020年11月签订协定。

截至2020年底，东盟已生效的自由贸易协定达6项（见表5-6）。

表5-6　东盟已经生效以及向WTO通报的RTA

序号	RTA名称	涵盖范围	类型	生效时间
1	东盟自由贸易区（AFTA）	货物贸易	FTA	1992年1月28日
2	东盟—中国	货物贸易/服务贸易	FTA&EIA	2005年1月1日（G） 2007年7月1日（S）
3	东盟—韩国	货物贸易/服务贸易	FTA&EIA	2010年1月1日（G） 2009年5月1日（S）
4	东盟—日本	货物贸易	FTA	2008年12月1日
5	东盟—澳大利亚、新西兰	货物贸易/服务贸易	FTA&EIA	2010年1月1日
6	东盟—印度	货物贸易/服务贸易	FTA&EIA	2010年1月1日（G） 2015年7月1日（S）
7	东盟—中国香港	货物贸易/服务贸易	FTA&EIA	2019年6月11日

资料来源：WTO RTA Database。

（二）东盟的区域经济一体化战略

东盟成立是为了凝聚力量，凭借整体实力和影响力，共同发展，共同应对外部挑战，维护东南亚地区和平、安全与稳定。在大国林立的亚太地区，在纷繁复杂的亚太经济一体化进程中找到自己的位置，发挥主导作用，成为东盟不懈努力的一个方向。

第一，致力于获取东亚乃至亚太经济一体化的主导权，维护东盟"中心地位"。APEC 的成立开启了亚太区域经济合作的进程。此后，亚太地区双边和多边经济一体化安排如雨后春笋般涌现。为了避免被边缘化，东盟提出了以其为中心的区域经济合作战略。马来西亚前总理马哈蒂尔曾提出建立"东亚经济集团"构想，但因美国和澳大利亚反对，无果而终。1997 年爆发的东南亚金融危机为东盟构建以自己为中心的区域经济一体化安排提供了契机。东盟借机构建了其主导的"10+N"合作框架，并力推 RCEP 谈判。维护东盟"中心地位"，对于东盟内部建设而言，就是凝聚成员力量，加强团结，建成为共同目标努力的集体；对于东盟发展外部关系而言，就是建立其主导的区域合作框架。《东盟宪章》第一章第一节《东盟成立目的和原则》中强调，确保东盟在与外部伙伴进行合作中处于中心地位。[①]《东盟经济共同体蓝图2025》指出，东盟应在发展对外经济关系（包括但不限于 FTA 谈判和全面经济伙伴关系协定谈判）中维护中心地位。[②]《东盟经济一体化报告 2019》指出，东盟力推 RCEP 成功商签，不仅会带来经济效益，而

---

① The ASEAN Secretariat. The ASEAN CHARTER［EB/OL］. Jakarta：东盟秘书处，2015.

② The ASEAN Secretariat. ASEAN Economic Community Blue Print［EB/OL］. Jakarta：东盟秘书处，2015.

且能维护东盟在地区经济框架中的中心地位。在 RCEP 框架下，东盟 GDP 增速较"10+1""10+3"框架都要大（见表 5-7）。面对国际环境的不确定性，东盟比任何时候都更应该加强自身的中心地位，东盟应该充分发挥现存自身主导的合作机制和将来主导的合作机制（RCEP 就属于这样的机制）的作用。①

表 5-7 "10+N"机制下东盟及其成员 GDP 的增长率（单位：%）

国家/地区	"10+3"		"10+1"	"10+6"	
	情景 1	情景 2	情景 1	情景 1	情景 2
日本	0. 44	0. 44	0. 10	0. 54	0. 54
中国	1. 66	4. 72	0. 20	1. 77	4. 84
韩国	3. 56	3. 55	0. 20	3. 72	3. 71
印度尼西亚	1. 74	3. 94	1. 00	1. 94	4. 14
马来西亚	5. 83	8. 62	3. 30	6. 21	9. 00
菲律宾	3. 94	6. 28	2. 20	4. 18	6. 52
新加坡	4. 22	4. 24	2. 30	4. 4	4. 42
泰国	4. 49	7. 02	2. 80	4. 78	7. 32
越南	7. 08	9. 67	5. 00	7. 33	9. 92
其他东南亚国家	0. 88	2. 91	0. 50	0. 92	2. 95
东盟	3. 60	5. 67	2. 14	3. 83	5. 89

数据来源：CHIRTAHIVAT S. ，PITI S. The 2030 Architecture of Association of Southeast Asian Nations Free Trade Agreements [EB/OL]. 亚洲开发银行研究院官网：ADBI Working Paper 419, 2013：23.

备注：情景 1 指贸易便利化和自由化，情景 2 指经济技术合作。

---

① The ASEAN Secretariat. ASEAN Integration Report [EB/OL]. Jakarta：东盟秘书处，2019.

第二，内部一体化建设与区域一体化建设同步进行。东盟自成立以来，内部一体化进程不断推进，从1977年签署PTA，到1997年提出建成"东盟共同体"设想，到2007年批准，到2015年建成"东盟共同体"，再到2015年年底宣布建成"东盟共同体"，并通过愿景文件——《东盟2025：携手同行》。该文件提出：将东盟建成一个高度一体化的经济体，建成有竞争力、有活力、富于创新的东盟，加强设施联通和不同部门间合作，建成一个适应力强、包容、以人为本、以人为中心的东盟，建成一个全球化的东盟。东盟内部一体化建设成效显著。当前，世界处于大发展大变革大调整时期，不稳定性不确定性突出，不平等不断加剧，生产和消费不可持续，地缘战略、人口、气候问题呈现新变化，东盟政治、经济发展面临诸多挑战，东盟需要进一步推进一体化建设，凝心聚力，共同应对这些挑战。东盟在推进内部一体化的同时，奉行开放的区域主义，积极推进区域经济一体化。推动建立了以其为中心的"10+N"机制。在其东亚主导权受到美国主导的TPP冲击后，又积极推动建立RCEP，并将此列为其推进区域经济一体化的优先事项。

第三，配合大国平衡战略，左右逢源。东盟国家所处地理位置重要，资源丰富，是大国争夺的重点区域。东盟由发展中国家组成，自身实力薄弱，无法保证本地区的和平与安定。鉴于此，东盟认为，在主要大国（美国、中国、日本、俄罗斯）的争夺中，站在任何一方都会伤及自身利益，得不偿失。而最佳策略是在大国争夺中进行斡旋，利用它们之间的矛盾，相互制衡，搞大国平衡外交，左右逢源，实现利益最大化。而东盟区域经济合作也在一定程度上服务于该战略。东盟通过签订FTA将区域外国家引入东亚地区，在其主导的FTA网络上，占据灵活有利的位置，游离于各大国之间，在国际政治舞台上获取更大的外交回旋空间。

五、印度的区域经济一体化战略

(一) 印度参与区域经济一体化概况

印度历史上长期实行保护主义政策，征收高关税，限制外资进入，避免本国市场遭受外部冲击。自独立到20世纪70年代末，印度实行了"进口替代"政策，20世纪80年代开始采取"进口替代"与"出口导向"并重战略。进入20世纪90年代，印度进行了自由化、私有化、市场化、全球化改革，实行"出口导向"战略，削减非关税壁垒，平均关税税率大幅度降低。在此开放背景下，印度开始参与区域经济合作，启动FTA商签工作。

在南亚地区，印度于1993年4月签订《南亚优惠贸易安排》(*South Asian Preferential Trade Arrangement*，简称SAPTA)，于2004年1月签订《南亚自由贸易协定》(*South Asian Free Trade Agreement*，简称SAFTA)。在加入地区自由贸易安排的同时，印度还分别与斯里兰卡、不丹、尼泊尔等国签订双边FTA。在东亚地区，印度与新加坡、马来西亚、泰国、东盟、韩国、日本等经济体签订双边FTA。此外，印度还积极参与亚太区域经济合作，签署亚太贸易协定 (*Asia Pacific Trade Agreement*，简称APTA)，并加入RCEP谈判。在南美，印度分别与智利、南方共同市场签订双边FTA。在非洲，印度与南部非洲关税联盟正在进行PSA谈判。在欧洲，印度正在与EFTA和欧盟进行FTA谈判。截至2020年底，印度已经生效的RTA共16项，已向WTO通报的共4项 (见表5-8)。

表 5-8 印度已经生效及向 WTO 通报的 RTA

印度已生效的 RTA				
序号	RTA 名称	涵盖范围	类型	生效时间
1	《亚太贸易协定》（APTA）	货物贸易	PSA	1976 年 6 月 17 日
2	发展中国家全球贸易优惠制（GSTP）	货物贸易	PSA	1989 年 4 月 19 日
3	《南亚优惠贸易协定》（SAPTA）	货物贸易	PSA	1995 年 12 月 7 日
4	印度—斯里兰卡	货物贸易	FTA	2001 年 12 月 15 日
5	印度—阿富汗	货物贸易	PSA	2003 年 5 月 13 日
6	印度—泰国	货物贸易	PSA	2004 年 9 月 1 日
7	印度—新加坡	货物贸易/服务贸易	FTA/EIA	2005 年 9 月 1 日
8	南亚自由贸易协定（SAFTA）	货物贸易	FTA	2006 年 1 月 1 日
9	印度—不丹	货物贸易	FTA	2006 年 7 月 29 日
10	印度—智利	货物贸易	PSA	2007 年 9 月 17 日
11	印度—南方共同市场	货物贸易	PSA	2009 年 6 月 1 日
12	印度—尼泊尔	货物贸易	PSA	2009 年 10 月 27 日
13	印度—东盟	货物贸易/服务贸易	FTA/EIA	2010 年 1 月 1 日（G）2015 年 7 月 1 日（S）
14	印度—韩国	货物贸易/服务贸易	FTA/EIA	2010 年 1 月 1 日
15	印度—马来西亚	货物贸易/服务贸易	FTA/EIA	2011 年 7 月 1 日
16	印度—日本	货物贸易/服务贸易	FTA/EIA	2011 年 9 月 1 日
印度已向 WTO 通报的 RTA				
1	环孟加拉湾多领域经济技术合作倡议（BIMSTEC）			
2	印度—欧洲自由贸易联盟 FTA			
3	印度—南部非洲关税联盟 PSA			
4	印度—欧盟 FTA			

资料来源：WTO RTA Database。

（二）印度的区域经济一体化战略

印度参与区域经济合作的战略目标是立足南亚、走向东亚、进军亚太、面向世界。印度试图通过参与区域经济一体化扩大出口市场，吸引外资，保证能源供给安全。此外，把本国外交战略融入推进 FTA 建设中，谋求世界大国地位。

第一，扩大出口市场，吸引外资，保证能源供应。自 20 世纪 90 年代后期以来，印度货物贸易出口额一直呈现快速增长态势，1997 年为 350 多亿美元，到 2006 年突破 1000 亿美元，2010 年突破 2000 亿美元，2011 年突破 3000 亿美元，近几年都平均在 3000 亿美元左右。[①] 随着出口额的增加，印度所面临的国外保护主义压力也在加大。印度产品既遭受来自欧美等主要传统出口市场的与标准相关的贸易壁垒（SPS、TBT等），也遭受来自南亚和东盟市场的程序性壁垒，阻止印度企业进入其个别行业。[②] 在这种情况下，印度确保稳定的出口市场至关重要，而开展区域经济合作来扩大出口市场自然被提上议程。

进入 21 世纪，印度的外商直接投资持续增加，2010 年印度累计吸引外资超过 2000 亿美元，成为发展中国家中吸引外资最多的国家之一。2016 年超过 3000 亿美元。[③] 印度作为世界第二大发展中国家，需要大量吸引外商投资来保持经济高速发展。而通过区域经济合作，既可以增加区域内不同经济体之间的相互投资，也能刺激区域外国家为规避关税壁垒而选择进入区域经济一体化组织的成员投资。日本、新加坡、韩国

---

① 数据来源：UNCTAD 官网。
② 卢欣. 印度区域经济一体化战略探析 [J]. 东北财经大学学报，2011 (4)：71.
③ 数据来源：UNCTAD 官网。

等资本相对充裕的国家自然成为印度签订 FTA 的重点国家。印度还启动了与其第二大外资来源地欧盟的 FTA 谈判。

通过参与区域经济合作来保证能源供应是很多国家惯用的策略之一。印度作为世界能源净进口国也把能源合作列入参与区域经济合作的一个重要领域。从印度的 FTA 签订对象国看，马来西亚、印度尼西亚、越南、缅甸都是能源净出口国。与这些国家通过 FTA 进行能源合作既可以依托经济纽带来保证能源的稳定供应，又可以削减能源进口关税壁垒，降低成本。

第二，立足南亚、走向东亚、进军亚太、面向世界。印度区域经济经济一体化战略部署可谓是立足南亚、走向东亚、进军亚太、面向世界。20 世纪 90 年代中后期，印度提出"古吉拉尔主义"，积极发展与南亚邻国的友好关系，推动与南亚国家的区域经济合作，先后与斯里兰卡、不丹、尼泊尔签订 FTA，并推动建立了 SAFTA。1991 年，印度推行"东向政策"，向东亚地区拓展 FTA 网络。印度前总理拉奥曾指出，印度的"东向政策"不仅是一项对外经济政策，还是印度实现世界梦想，融入全球经济的一项战略调整。① 印度积极推进与东盟、韩国、日本的区域经济合作进程，并先后签订了双边 FTA，并启动环孟加拉多领域经济技术合作倡议 BIMSTEC 谈判，完成与中国建立自由贸易区可行性报告。印度在推进与南亚、东亚经济体区域经济合作进程的同时，也积极参与亚太区域经济合作。2014 年，印度将"东向政策"升级为"东向行动政策"，旨在进一步加强与亚太各国之间的关系，实现政治、

---

① MUKHERJEE S P. Speech at Seminar on "Look East" Policy [EB/OL]. 印度外交部官网，2007-06-16.

经济、安全战略目标，以更为积极的姿态融入亚太地区多边机制，寻求提升其在该地区的影响力和话语权。① 签署东盟特惠贸易安排（APTA）是印度参与亚太区域经济合作的开始。印度凭借与东盟签订 FTA，自然成为"10+6"机制下的成员，参与东盟峰会，参加 RCEP 谈判，迈出了参与亚太事务的重要一步。在进军亚太的同时，印度还把参与区域经济合作的触角伸向了美洲、欧洲、非洲，积极铺设全球 FTA 网络。印度—智利、印度—南方共同市场 FTA 分别于 2007 年和 2009 年生效，与欧盟 FTA 谈判、与南部非洲关税联盟 PSA 谈判都在进行中。

第三，结合本国外交战略，推进 FTA 建设，谋求世界大国地位。印度的开国总理尼赫鲁曾将复兴印度的愿望描述为，印度要么做一个有声有色的大国，要么就销声匿迹，印度不能在世界上扮演二等角色。② 成为世界大国一直是印度的国家战略目标。而要实现这一目标，印度需要走出南亚，冲出亚太。印度的区域经济合作也在一定程度上体现着其在政治上的诉求。印度在 20 世纪 90 年代中期以前受不结盟政策的影响对区域合作持冷漠态度。冷战结束后，印度提出"古吉拉尔主义"，主张与邻国建设和睦相处的新型关系，在处理与南亚区域合作联盟组织成员的关系时，应根据需要做出适当让步，不计回报。在这一政策的指导下印度开始对南亚区域经济合作表现得积极起来，参与南亚区域合作联盟（SAPTA）、《南亚自由贸易协定》（SAFTA）等南亚区域经济合作安排，积极推进与南亚邻国 FTA 建设。在改善与邻国关系的同时，印度

---

① 葛红亮.莫迪政府"东向行动政策"析论 [J]. 南亚研究，2015（1）：69.
② 贾瓦哈拉尔·尼赫鲁.印度的发现（中译本）[M]. 北京：世界知识出版社，1956：57.

还提出了"东向政策",印度积极推进与东盟、韩国、日本 FTA 建设。随着"古吉拉尔主义"和"东向政策"的实施,印度改善了与南亚邻国的关系,巩固了其在南亚的地区霸主地位,加强了与东盟、日本和韩国的政治互信和经济融合。2014 年,印度进一步提出"东向行动政策",参与 RCEP 谈判,积极参与亚太经济一体化。近两年,印度积极附和日本和美国倡导的"印太战略",进一步拓展战略视野,提升全球影响力。2017 年 6 月,莫迪和美国总统特朗普以"印太"概念诠释伙伴关系,强调两国战略伙伴关系是"维护印太地区和平与稳定的关键"。2017 年 9 月,莫迪与日本首相安倍晋三强调,要"把日本的自由开放的印太战略与印度的东向行动政策结合起来,包括强化海上安全合作,在更广泛的印太地区促进互联互通,加强与东盟的合作"①。印太战略在某种程度上进一步拓展了印度"东向行动政策"的利益空间。印度将本国外交战略融入参与亚太经济一体化过程中,有利于提升其在国际事务中的话语权和影响力,为其实现大国目标奠定基础。

六、澳新的区域经济一体化战略

(一) 澳大利亚参与区域经济一体化概况

澳大利亚长期奉行"贸易兴国"战略,是多边贸易体制的受益者和支持者。尽管澳大利亚 FTA 建设起步较早,但进展缓慢。进入 21 世纪以后,在多边贸易谈判陷入僵局,周边国家和主要贸易伙伴转向区域经济合作的情况下,澳大利亚加快推进 FTA 建设,积极参与区域经济一体化。

---

① 丁奎松. 印太战略:地缘战略内涵、逻辑与思考 [J]. 国际研究参考, 2019 (5): 7.

　　澳大利亚初期立足太平洋岛，与周边国家商签 FTA。澳大利亚于1976 年 11 月与巴布亚新几内亚签订了 FTA，于 1980 年 7 月签订《南太平洋地区贸易与经济合作协定》，于 1982 年 12 月与新西兰签订"更紧密经贸关系协定"。进入 21 世纪，澳大利亚开始向亚太地区和全球铺设FTA 网络，于 2003 年与新加坡签订 FTA，于 2004 年分别与美国和泰国签订 FTA，于 2008 年与智利签订 FTA，于 2009 年与东盟签订 FTA，于2012 年与马来西亚签订 FTA，于 2014 年与韩国和日本签订 FTA，于2015 年与中国签订 FTA，于 2019 年与中国香港特区签订了 FTA。澳大利亚还签订了 TPP 和 CPTPP，并积极参与 RCEP 谈判。此外，澳大利亚与海合会、印度、欧盟等经济体的 FTA 商签工作正在进行中，澳大利亚与英国 FTA 处于可行性研究阶段。不难看出，澳大利亚 FTA 网络正在向全球辐射。截至 2020 年底，澳大利亚已经生效的 RTA 共 17 项，已向 WTO 通报的共 1 项（见表 5-9）。

表 5-9　澳大利亚已经生效及向 WTO 通报的 RTA

澳大利亚已生效的 RTA			
序号	RTA 名称	涵盖范围	类型	生效时间
1	澳大利亚—巴布亚新几内亚	货物贸易	FTA	1977 年 2 月 1 日
2	南太平洋地区贸易与经济合作协（SPARTECA）	货物贸易	PSA	1981 年 1 月 1 日
3	澳大利亚—新西兰	货物贸易/服务贸易	FTA&EIA	1983 年 1 月 1 日（G） 1989 年 1 月 1 日（S）
4	澳大利亚—新加坡	货物贸易/服务贸易	FTA&EIA	2003 年 7 月 28 日
5	澳大利亚—美国	货物贸易/服务贸易	FTA&EIA	2005 年 1 月 1 日

澳大利亚已生效的 RTA				
序号	RTA 名称	涵盖范围	类型	生效时间
6	澳大利亚—泰国	货物贸易/服务贸易	FTA&EIA	2005 年 1 月 1 日
7	澳大利亚—智利	货物贸易/服务贸易	FTA&EIA	2009 年 3 月 6 日
8	东盟—澳大利亚—新西兰	货物贸易/服务贸易	FTA&EIA	2010 年 1 月 1 日
9	澳大利亚—马来西亚	货物贸易/服务贸易	FTA&EIA	2013 年 1 月 1 日
10	澳大利亚—韩国	货物贸易/服务贸易	FTA&EIA	2014 年 12 月 12 日
11	澳大利亚—日本	货物贸易/服务贸易	FTA&EIA	2015 年 1 月 15 日
12	澳大利亚—中国	货物贸易/服务贸易	FTA&EIA	2015 年 12 月 20 日
13	CPTPP	货物贸易/服务贸易	FTA&EIA	2018 年 12 月 30 日
14	澳大利亚—中国香港	货物贸易/服务贸易	FTA&EIA	2020 年 1 月 17 日
15	澳大利亚—印度尼西亚	货物贸易/服务贸易	FTA&EIA	2020 年 7 月 5 日
16	太平洋紧密经济关系协定（PACER Plus）	货物贸易/服务贸易	FTA&EIA	2020 年 12 月 13 日
17	澳大利亚—秘鲁	货物贸易/服务贸易	FTA&EIA	2020 年 2 月 11 日
澳大利亚已向 WTO 通报的 RTA				
1	澳大利亚—海湾合作委员会			

资料来源：WTO RTA Database。

（二）新西兰参与区域经济一体化概况

新西兰同澳大利亚一样，奉行"贸易兴国"战略，长期支持多边贸易体制。进入 21 世纪，多边贸易谈判陷入僵局，对外贸易依赖程度较高的新西兰不得不加快推进 FTA 建设，积极参与区域经济一体化。

新西兰参与区域经济一体化初期也是立足太平洋岛,与周边国家签订 FTA。新西兰于 1980 年 7 月签订《南太平洋地区贸易与经济合作协定》,于 1982 年 12 月与澳大利亚签订"更紧密经贸关系协定"。进入 21 世纪,新西兰也开始把 FTA 网络向亚太地区和全球延伸,于 2000 年与新加坡签订紧密关系协定,于 2005 年与泰国签订紧密关系协定,于 2005 年签订 TPSEP,于 2008 年与中国签订 FTA,于 2009 年与东盟和马来西亚签订 FTA,于 2010 年与中国香港特区签订紧密经济关系协定,于 2013 年与中国台湾地区签订经济合作协定,于 2015 年与韩国签订 FTA。新西兰还积极参与亚太区域经济一体化安排,签订 TPP 和 CPTPP,积极参与 RCEP 谈判。此外,新西兰已于 2009 年完成与印度的 FTA 谈判工作,于 2019 年结束与中国 FTA 升级谈判工作,与欧盟、印度、俄白哈关税同盟、太平洋联盟的 FTA 商签工作正在进行中,与东盟 FTA 升级谈判工作正在进行中。截至 2020 年底,新西兰已经生效的 RTA 共 13 项,已向 WTO 通报的共 1 项(见表 5-10)。

表 5-10　新西兰已经生效及向 WTO 通报的 RTA

新西兰已生效的 RTA				
序号	RTA 名称	涵盖范围	类型	生效时间
1	南太平洋地区贸易与经济合作协议(SPARTECA)	货物贸易	PSA	1981 年 1 月 1 日
2	澳大利亚—新西兰	货物贸易/服务贸易	FTA&EIA	1983 年 1 月 1 日(G) 1989 年 1 月 1 日(S)
3	新西兰—新加坡	货物贸易/服务贸易	FTA&EIA	2001 年 1 月 1 日
4	新西兰—泰国	货物贸易/服务贸易	FTA&EIA	2005 年 7 月 1 日

序号	RTA 名称	涵盖范围	类型	生效时间
新西兰已生效的 RTA				
5	跨大平洋战略经济伙伴关系协定（TPSEP）	货物贸易/服务贸易	FTA&EIA	2006 年 5 月 28 日
6	新西兰—中国	货物贸易/服务贸易	FTA&EIA	2008 年 10 月 1 日
7	东盟—澳大利亚、新西兰	货物贸易/服务贸易	FTA&EIA	2010 年 1 月 1 日
8	新西兰—马来西亚	货物贸易/服务贸易	FTA&EIA	2010 年 9 月 1 日
9	新西兰—中国香港	货物贸易/服务贸易	FTA&EIA	2011 年 1 月 1 日
10	新西兰—中国台湾	货物贸易/服务贸易	FTA&EIA	2013 年 12 月 1 日
11	新西兰—韩国	货物贸易/服务贸易	FTA&EIA	2015 年 12 月 20 日
12	CPTPP	货物贸易/服务贸易	FTA&EIA	2018 年 12 月 30 日
13	太平洋紧密经济关系协定（PACER Plus）	货物贸易/服务贸易	FTA&EIA	2020 年 12 月 13 日
新西兰已向 WTO 通报的 RTA				
1	新西兰—俄罗斯			

资料来源：WTO RTA Database。

（三）澳新的区域经济一体化战略

澳新长期以来支持自由贸易，奉行开放型经济政策，积极推进 FTA 建设，扩大出口，促进经济发展，同时实现外交和安全利益。两国 FTA 战略重点集中在亚太地区。

第一，扩大出口，促进经济发展。澳新两国均奉行开放型经济政策，主要依靠出口带动经济发展，对外贸易依存度较高。通过商签 FTA 可以与潜在出口目的国建立良好的经贸关系，进一步加强与主要出口国的经贸关系，进而为本国商品打开销路，同时规避因贸易转移效应所造成的损失。澳新两国积极推动双边、诸边、多边 FTA，为本国拓展出口市场。自 1983 年与新西兰 FTA 生效以来，澳大利亚贸易成本降低，货物和服务海外市场得以拓展，FTA 外贸覆盖率达 70%。2018 年，澳大利亚十大进出口贸易伙伴中有七个是其 FTA 伙伴国。[1] 新西兰《政府企业增长规划》（*The Government's Business Growth Agenda*）设定到 2025 年实现出口占 GDP 40% 的目标。为此，新西兰将致力于签订并实施 TPP、RCEP，签订与 GCC 的 FTA，升级与中国的 FTA，启动并完成与欧盟的 FTA 谈判。新西兰力争实现其对 FTA 伙伴国货物贸易出口额占其出口总额的 80%，服务贸易出口额占其出口总额的 70% 的目标。[2] 2018 年，新西兰十大进出口贸易伙伴中有六个是其 FTA 伙伴国。[3]

第二，实现外交和安全利益。澳新两国四面环海，与亚洲隔海相望，亚洲在其地缘政治战略中至关重要。两国 FTA 战略重点都在亚太地区，通过发展与亚太国家的经济关系，积极采取融入亚洲战略，提升在亚太地区的影响力，为本国经济发展和繁荣创造有利环境。新西兰需要维护亚太地区和平和稳定以确保本国繁荣和稳定。鉴于亚太地区地缘政治的变化，新西兰积极参与该地区规则制定并促使各方达成一致的任

---

① Department of Foreign Affairs and Trade. Trade and Investment at a Glance 2019 ［EB/OL］. 澳大利亚外交贸易部官网，2019-05-16.

② Ministry of Foreign Affairs and Trade. Strategic Intentions 2015—2019 ［EB/OL］. Wellington，New Zealand：新西兰外交贸易部，2015.

③ 数据来源：根据新西兰统计局官网数据整理得出。

务变得更为重要。① 新西兰在亚太地区重点发展与澳大利亚、中国、美国、东盟的关系，与澳大利亚建立更亲密的协调关系，加深与美国的高度信任的战略伙伴关系，与中国建立强有力的弹性关系、与东盟国家建立有影响力的关系。② 亚太地区政治、安全制度建设存在缺陷，澳大利亚希望通过区域经济合作与亚洲国家增强政治互信，实现维护稳定和促进经济发展的目的。③

第三，通过区域经济合作，进一步推进融入亚洲战略。20 世纪 70 年代，美国和英国在亚洲采取收缩战略，将势力逐步撤退，亚洲局势趋缓，东亚经济开始腾飞。澳新两国放弃抵御来自亚洲共产主义扩张威胁的"前沿防御"战略，于 1972 年相继与中国建交，并向亚洲开放市场。

澳新两国都制定了一系列政策，积极融入亚太地区。澳大利亚于 1983 年出台"面向亚洲"政策，于 1991 年出台"全面面向亚洲政策"，全面发展与中国、日本、东盟国家的经贸往来；于 2012 年发布《亚洲世纪中的澳大利亚白皮书》，提出"更深地、更广地介入亚洲，与亚洲全面加强社会、文化、政治和经济关系"；于 2013 年发布《亚洲世纪国家战略》的专题报告，就到 2025 年进一步发展与亚洲主要国家（中国、印度、印尼、日本、韩国）的贸易关系进行了展望。近两年澳大利亚积极响应美国和日本提倡的"印太战略"，强调印太地区对本国发

---

① Ministry of Foreign Affairs and Trade. Annual Report 2019 ［EB/OL］. 新西兰外交贸易部官网，2019-05-16.

② Ministry of Foreign Affairs and Trade. Statement of Intent 2014—2018 ［EB/OL］. Wellington，New Zealand：新西兰外交贸易部官网，2014.

③ Department of Foreign Affairs and Trade. Review of Export Policies and Programs ［EB/OL］. Wellington，New Zealand：澳大利亚外交贸易部官网，2019.

展的重要性，提出要积极发展与美国、中国、日本、印度、韩国、印尼等国的关系。在此背景下，澳大利亚积极与印太地区国家商签 FTA，已签订并生效的 13 个 FTA 中有 10 个在亚太地区。此外，澳大利亚提出建立"亚太共同体"倡议，并积极推动建设 FTAAP。

新西兰于 1991 年制订了"亚洲 2000 年计划"，于 1994 年成立亚洲 2000 基金会，资助新西兰记者到亚洲尤其是中国进行采访交流；新西兰是 WTO 成员中第一个与中国达成双边协议的国家，于 2004 年正式承认中国的完全市场经济地位；于 2007 年发布《亚洲白皮书》，指出亚洲是唯一一个能为新西兰未来 10 年或 20 年提供更多机会的地区。① 新西兰长期以来一直认为亚洲地区对其发展至关重要，并积极参与区域经济一体化。新西兰已经签订并生效的 12 个 FTA 中有 10 个在亚太地区。

七、中国的区域经济一体化战略

（一）中国参与区域经济一体化概况

2001 年之前，中国由于集中精力进行"入世"谈判，因而 FTA 起步较晚。进入 21 世纪以来，在全球多边贸易谈判步履维艰以及大国 FTA 战略的助推下，中国在积极参与和维护全球多边贸易体制的同时，加快了区域经济合作步伐。"入世"至今的十多年间，中国 FTA 从无到有，由远及近，初步构建起东西呼应、遍布全球的格局，成为我国开展区域经济合作的重要形式。

---

① Ministry of Foreign Affairs and Trade. Asia White Paper ［EB/OL］. Wellington，New Zea-land：新西兰外交贸易部，2007.

如表 5-11 所示，截至 2020 年底，中国已经签订的自由贸易协定共有 19 个，涉及 20 多个国家和地区，正在谈判的自贸协定有 10 个。正在开展联合可行性研究的有 8 个。中国还加入了亚太贸易协定。

表 5-11 中国 FTA 进展情况

已签署的 FTA	正在谈判的 FTA	正在研究的 FTA
《区域全面经济伙伴关系协定》（RCEP） 中国—东盟（含升级） 中国—新加坡（含升级） 中国—巴基斯坦 中国—巴基斯坦第二阶段 中国—新西兰（含升级） 中国—智利（含升级） 中国—秘鲁 中国—哥斯达黎加 中国—冰岛 中国—瑞士 中国—澳大利亚 中国—韩国 中国—马尔代夫 中国—格鲁吉亚 中国—毛里求斯 中国—柬埔寨 内地—香港特区 CEPA 内地—澳门特区 CEPA	中国—海合会 中日韩 中国—挪威 中国—斯里兰卡 中国—以色列 中国—摩尔多瓦 中国—巴拿马 中国—巴勒斯坦 中国—秘鲁升级谈判 中国—韩国 FTA 第二阶段谈判	中国—哥伦比亚（正在研究） 中国—斐济（正在研究） 中国—尼泊尔（正在研究） 中国—巴新（正在研究） 中国—加拿大（正在研究） 中国—孟加拉国（正在研究） 中国—蒙古国（正在研究） 中国—瑞士升级（正在研究）

资料来源：依据中国自由贸易区服务网（http：//fta. mofcom. gov. cn/）资料整理得出。

（二）中国的区域经济一体化战略

近些年，中国积极参与区域经济一体化，FTA 建设稳步推进。中国实施自贸区战略的思路是：立足周边、辐射"一带一路"、面向全球。中国通过推进FTA建设，争取区域经济合作和国际经贸规则制定主动权，保障能源供应安全，扩大和深化对外开放，以开放促发展。

第一，铺设立足周边、辐射"一带一路"、面向全球FTA网络。2015年12月，国务院发布了第一个关于自贸区建设的战略性、综合性文件——《关于加快实施自贸区战略的若干意见》。该文件明确指出中国今后加快实施自贸区战略的思路：立足周边、辐射"一带一路"、面向全球。中国这一开展区域经济合作的思路实际上是秉承了其"大国是关键，周边是首要，发展中国家是基础，多边是舞台"的外交工作思路。近期，中国将加快推进与周边国家和地区FTA进程，并逐步提升现有合作水平，将FTA伙伴国范围辐射到周边大部分国家和地区，努力实现与FTA伙伴国贸易额占中国对外贸易总额的比重达到或超过多数发达国家和新兴经济体的水平。中长期，建成包括周边国家和地区，涵盖"一带一路"沿线国家，辐射五大洲重要国家的全球FTA网络，实现大部分对外贸易和双向投资自由化和便利化。① 第二，争取区域经济合作和国际经贸规则制定主动权。20世纪90年代以来，区域经济合作迅猛发展。相比之下，WTO西雅图会议失败，多哈回合谈判中断，多边贸易体制进程受阻。各国逐渐认识到开展区域经济合作的诸多好处，比如，在区域经济合作框架下，更能够有针对性、灵活地解决区域内存在的问题；合作内容可以涉及WTO框架之外的议题，如劳动、环境、知识产权等；通过加强经济合作增进相互间的政治信任，维护地

① 国务院. 关于加快实施自由贸易区战略的若干意见［EB/OL］. 国务院官网，2015-12-08.

区安全稳定。具体到东亚地区，日本、韩国在 20 世纪 90 年代末都启动了区域经济合作。在这种情况下，中国明显感到参与区域经济合作的紧迫性和必要性。为避免在"轮轴—辐条"效应中被边缘化，沦为辐条国，中国在加入 WTO 后迅速调整自己的贸易战略，积极对外商谈双边自由贸易协定。美国近些年试图通过商签高标准 FTA，掌控国际经贸规则制定权，为发展中国家重设准入门槛。在此背景下，中国希望通过积极参与区域经济合作，跻身国际经贸新规则制定者的行列，避免在未来的国际贸易格局中处于边缘位置。

第三，保证能源资源供给。随着中国经济的快速增长，工业化、城镇化进程的深入推进，居民消费结构的不断升级，中国对能源资源尤其是石油、矿产等的需求越来越大。然而，中国能源资源供应面临着一系列挑战，包括：优质能源资源不足制约着能源供应能力的提高空间，能源资源地理分布不均衡增加了供应运输的难度，粗放型经济增长方式、环保压力、能源开采加工技术落后等加剧了能源供需矛盾。中国作为发展中国家所具备的资本、技术、人力资源有限，在立足国内的基础上，重视开展国际能源资源合作，利用国外资源缓解国内经济发展过程中面临的能源资源制约，确保能源资源的安全与稳定。从中国已经签署和正在谈判的 FTA 所涉及的 30 多个国家和地区来看，有相当一部分属于重要的能源资源生产国，如新西兰的技术、资本、畜牧和林业资源，澳大利亚的技术、资本、铁矿和农业资源，智利的铜矿等。能源资源的互补是中国选择自贸区伙伴国家的重要考虑因素之一。第四，扩大对外开放，以开放促改革。1978 年，中国召开十一届三中全会，做出了实行改革开放的重大历史性决策。40 多年来，中国先后建立了经济特区，开放了沿海、沿江、沿边、内陆地区，加入了 WTO，从"引进来"到"走出去"，形成了开放型经济，成为世界第二大经济体。然而与此同时，中国经济发展进入了"新常态"，全球贸易保护主义抬头，逆全球化现象升温，对外开放面临新的机遇和挑战。在这种情况下，中国需要转变经济发展方式，改革不合理的收入分配制度，改变陈旧落后的管理体制，打破不合理的既得利益和利益集团，全面提高对外开放水平，实施更为主动的开放战略，以开放促发展。国务院发布的《关于加快实施自由贸易区战略的若干意见》指出，加快实施自由贸易区战略是中国适应经济全球化新趋势的客观要求，是全面深化改革、构建开放型经济新体制的必然选择。

八、亚太经济一体化主要参与方战略博弈

亚太经济一体化的推进过程伴随着主要参与方对亚太经济一体化主导权的争夺。其中，美国、东盟、日本等国觊觎亚太经济一体化主导权，其战略博弈影响着亚太经济一体化的走向。印度、澳大利亚、新西兰积极参与推进亚太经济一体化，避免被边缘化，在大国权力争夺中左右逢源，实现自身利益最大化。

日本和东盟在 APEC 成立初期的主导权之争。日本早在 20 世纪 60 年代初期就对参与亚太经济一体化表现出积极态度，推动成立了 PBEC 和 PAFTAD。但因当时日本国际影响力有限，这些倡议并未得到广泛响应。进入 20 世纪 80 年代，日本经济实力大增，跃身为世界第一大债权国、最大资本输出国。这一时期，日本同澳大利亚等国先后推动成立

PECC 和 APEC，构建其主导的东亚区域经济合作体系。然而，东盟为避免 APEC 完全为日本控制，采取大国平衡战略，进而维护其在 APEC 中的利益。在 APEC 筹备期间，东盟先提出让美国参与进来，之后为防止美国和日本联合控制 APEC，又拉拢中国、俄罗斯加入，以平衡美国和日本的影响力。此外，东盟联合发展中国家反对美国等发达国家提出的无视各成员经济发展水平和现实情况差异的 CAP 原则，成功推动实行具有一定灵活性的 IAP 原则。

东盟通过大国平衡战略建立其主导的"东盟+N"机制。APEC 的成立无疑有助于推进亚太地区贸易投资自由化和便利化，有助于推动亚太经济一体化。但 APEC 在具体实践中由于其"软机制"性质引发一些问题，在应对 1997 年爆发的亚洲金融危机中表现不佳，让东亚国家大为失望。为有效应对危机，东盟、中、日、韩建立了"10+3"机制。实际上，在此之前，日本就提出定期与东盟进行会晤，但当时东盟担心这样做会刺激到中国，于是建议东盟、中、日三国首脑举行会晤，此后韩国加入形成"10+3"机制。2001 年，东亚展望小组提议将"10+3"机制提升为"东亚峰会"。"10+3"成员和印、澳、新三国于 2005 年召开首届东亚峰会。之后，日本提议将印、澳、新三国纳入进来建立 CEPEA，进而建成 EAFTA。至此，东亚地区出现中国倡导的"10+3"机制和日本倡导的"10+6"机制两种路径之争。东盟为防止东亚区域经济合作主导权落入中国或日本手中，因而支持"10+6"方案，并提出由东盟成员轮流举办东亚峰会。由此可见，东盟借助中日两国之间的矛盾，采取平衡政策，获取东亚一体化的主导权，东亚地区形成了"小马拉大车"的合作格局。

美国借助 TPP 获取亚太经济一体化主导权，东盟力推 RCEP 予以回应，亚太地区形成 TPP 和 RCEP 并驾齐驱局面。APEC 成立之后，美国试图通过 APEC 主导亚太经济一体化，未能如愿，转而于 2006 年提出 FTAAP，后因各国意见不一而被搁置。尽管如此，美国并未善罢甘休，于 2010 年加入东亚峰会，以此介入东亚区域经济合作。与此同时，美国推出"亚太再平衡"战略，以 TPP 为经济抓手，着力打造 21 世纪高标准、全面综合的 FTA，谋求亚太经济一体化主导权。美国力推 TPP，对东盟主导的东亚区域一体化造成了巨大冲击。鉴于此，东盟于 2013 年基于中国和日本共同提出的加快"10+3"和"10+6"框架建设的联合提案，提出 RCEP，以稀释 TPP 对东盟东亚经济一体化主导权的冲击。RCEP 迎合了中日两国不想让美国主导东亚区域经济合作的需求，避免了在中日两国间选边站队。RCEP 是东盟成功实施大国平衡战略的又一成果。

美国退出 TPP，日本趁势推动建立 CPTPP，获得亚太经济一体化主导权。日本本想借助加入 TPP，利用美国制衡中国，阻碍中国主导亚太经济一体化，但特朗普上台后宣布退出 TPP。美国退出 TPP 之后，日本极力推动 CPTPP 谈判，促使 CPTPP 签订并生效。日本在推动 CPTPP 谈判过程中，表现了极大的决心，未曾为保护本国较为敏感的农业等领域而要求冻结或重谈某些条款。在日本极力推动下，TPP 剩余成员商签 CPTPP，经过近四个月的谈判，相关方于 2018 年 3 月签订 CPTPP。CPTPP 于 2018 年 12 月 30 日生效，亚太地区首个生效的高标准巨型 FTA 诞生。日本借助 CPTPP 掌握了亚太区域经济合作的主导权填补了亚太区域经济合作因美国退出 TPP 而出现的"权力真空"。

与此同时，日本积极游说美国、印度、澳大利亚，推行印太战略，稀释中国"一带一路"倡议在东线及太平洋方向带来的冲击，阻止中国获取印太地区主导权，拓展日本战略空间。

韩国、印度、澳大利亚、新西兰积极参与推进亚太经济一体化，从中获益，避免被边缘化。韩国同时加入 TPP 和 RCEP 谈判，加入 CPTPP，致力于在东亚区域经济合作中发挥"核心轴"作用；印度先后提出"东向政策""东向行动政策"，通过与亚太地区国家商签双边 FTA 和参与区域经济合作框架谈判，加强与亚太国家的经济联系，同时积极响应"印太战略"，提升在亚太地区的影响力，谋求成为亚太地区强国，进而实现世界强国；澳新两国近年来积极推行融入亚洲战略，与亚太地区国家商签 FTA，借此拓展本国商品出口市场，促进经济发展，同时通过经济联系加强与亚太国家的政治互信，提升在亚太地区的影响力，为本国经济发展创造有利环境。

第六章

人类命运共同体视角下亚太经济一体化推进路径

亚太经济一体化发展至今面临诸多挑战，中国作为主要参与方，有责任推进亚太经济一体化深入发展，推动构建亚太利益共同体、命运共同体和责任共同体。

亚太地区区情复杂，各经济体在经济发展水平、社会制度、历史文化等方面存在差异，参与亚太经济一体化立场和利益诉求不同，难以协调。此外，亚太地区受大国因素干扰，面临非传统安全挑战大，地缘政治博弈较激烈，安全利益诉求和分歧较大，亚洲共同意识和身份认同不足局面。在此背景下，仅从经济方面发力，单纯靠市场力量推动亚太经济一体化发展，难以达到预期效果。构建人类命运共同体思想是中国提出的宏伟构想和方案，为深入推进亚太经济一体化指明了方向。推进亚太经济一体化需要从经济、政治、安全、文化、生态等方面集中发力。

第一节　亚太经济一体化面临的困境

亚太经济一体化随着各经济体商签 FTA，铺设 FTA 网络而不断演变，已经形成 TPP/CPTPP、RCEP、FTAAP 三大区域经济合作机制。亚太经济一体化发展至今，并非一帆风顺，面临诸多挑战，包括：亚太复杂区情决定亚太经济一体化进程的长期性和复杂性；参与方之间权力博弈激烈，难以形成一个统一的区域经济合作安排；亚太地区 FTA 网络错综复杂，"意大利面条碗"特征明显，整合难度大；逆全球化现象升温，贸易保护主义势头增强，亚太经济一体化受到冲击；APEC 软机制性质阻碍亚太经济一体化进一步发展；亚太地区贸易合作和环境合作一体化尚未形成。

一、亚太地区情况复杂多样

亚太地区成员经济、政治、文化上的多样性在一定程度上决定着亚太经济一体化进程的长期性和复杂性，伴随着多机制并存、竞争性合作。

从经济上看，亚太地区的各成员经济发展水平、经济结构、经济制度的多样性影响着亚太区域经济合作。亚太地区有发达成员、发展中成员、新兴经济体、最不发达成员等。这些成员间的经济发展水平差距很大，而实现经济发展水平差距较大的成员间的垂直一体化要比实现经济发展水平差距较小的成员间的水平一体化更难。不同类型经济体的经济结构也不一样，经济结构互补的成员之间是垂直型分工，经济结构相似的成员之间更多地表现为竞争关系。亚太成员既有实行社会主义经济制度的，也有实行资本主义经济制度的，各成员从区域经济合作中获益多少也不同。受经济发展水平、经济结构、经济制度的制约，不同成员参与亚太经济一体化的路径也不同。以美国为代表的发达国家更倾向于通过商签高标准 FTA，制定高标准国际经贸规则，为发展中国家设置更高的准入门槛。以东盟为代表的发展中国家，抱团取火，缓冲美国等发达国家深入涉足带来的冲击，维护其在东亚区域经济合作中的主导权。

国际政治经济学认为，国际经济结构和活动在很大程度上取决于国际政治体系的结构和活动。经济政策是政治斗争的产物，重大的经济政策通常是由压倒一切的政治利益决定的。从政治上看，亚太地区大国云集，有美国、中国、日本等，还有一个国家集团——东盟。其中，中美两国分别作为世界最大的社会主义发展中国家和最大的资本主义发达国家，对亚太地区政治格局的走向起着关键作用。中、美、日、东盟等几大力量之间的战略关系决定着亚太地区力量对比和政治格局的形成。它们对亚太区域经济合作主导权的争夺影响着亚太区域经济合作的走向。此外，在该地区，中、日、韩三个国家之间关系错综复杂，彼此之间存在的历史问题深深困扰着三国合作关系的深入开展，这在一定程度上也影响着亚太区域经济合作的推进以及合作机制的变迁。

从文化上看，随着亚太地区市场空间的扩大、交通的发展和科技的不断进步，亚太地区各国和各民族之间的文化冲突和文化交流也迅速增加。亚太文化的多元结构是亚太一体化不可逾越的障碍。① 各国和各民族之间的文化意识形态和价值观差异，给跨地区和跨文化交往带来了不少障碍。亚太地区各国经济合作中的文化中心主义和文化保护主义两种

---

① 陈鲁直. 亚太地区概念形成的社会文化因素 [J]. 亚太经济·亚太纵横，1995 (3)：2.

趋向的对立，导致亚太经济合作只能在低层次徘徊。① 文化中心主义认为本国或本民族文化比其他国家或民族文化优越，以一种居高临下的姿态对待外部文化，并要求他国或民族接受自己的文化价值取向。美国和日本等发达国家的政策行为中表现出较强的文化中心主义倾向。亚太其他国家对此持针锋相对的立场，表现出文化保护主义倾向，致力于维护本国优良的传统文化，树立本国文化自信，反对大国的文化中心主义倾向，反对大国操纵亚太区域经济合作，这也是亚太区域经济合作主导权之争的文化根源。东盟成员新加坡注重加强与文化传统相近的国家合作，马来西亚则明确反对大国干涉亚太区域经济合作，主张在文化价值观平等基础上进行开放的经济合作。持有两种不同的文化倾向的国家之间缺乏信任感和积极合作精神，难以就统一的合作规则、方案和机制达成一致，不利于亚太区域经济一体化的推进。相比之下，由于地理上接近，中日韩三国合作有着共同的文化基础：日韩两国深受中国儒家文化的影响，日韩文字的形成和发展离不开中国汉字的传入和使用。三国同处东亚儒家文化圈，饮食、服饰、传统习俗有很高的相似性。文化是建构主义理论主要概念之一，文化既影响国家行为的各种动机，又影响国家间的认同。三国需要充分借助共有的文化基础，将负面影响转化为正面影响，增进彼此间的理解和认同，进而推进彼此间经贸合作。

二、参与方之间的权力博弈复杂激烈

美国、日本、东盟等经济体作为亚太经济一体化主要参与方，在亚

---

① 刘杰. 亚太经济合作中的文化趋向性障碍 [J]. 当代亚太，1995（4）：72.

太经济一体化过程中出于各自利益考量，围绕亚太经济一体化合作路径、国际经贸规则的制定权以及合作主导权进行了复杂激烈的博弈。①这在一定程度上导致亚太地区难以形成一个统一的区域经济一体化安排。

第一，合作主导权之争。美国作为世界上唯一的超级大国，维护其全球霸主地位是其首要目标。其在参与亚太经济一体化过程中也极力谋取主导权，为维持全球霸权服务。美国试图通过构筑其主导的亚太区域经济合作，获取该地区经济合作的主导权，掌握亚太区域经济规则制定权。美国对亚太区域经济合作主导权的争夺引发了该地区区域经济合作机制的演变。美国最初借助 APEC 控制亚太区域经济合作，但并未如其所愿。APEC 发展举步维艰，东亚国家对其失去信心，东盟主导的东亚区域经济合作框架形成。于是美国转而支持 FTAAP，但因各成员意见不一致而被搁置。美国并未因此善罢甘休，以东亚峰会为突破口，于 2010 年正式加入该机制，介入东亚区域经济合作。此外，以 TPP 为抓手，将其变为获取亚太区域经济合作主导权的工具。特朗普政府执政后，宣布退出 TPP，由多边转向双边，但并未放弃谋求亚太经济一体化主导权。日本在仅凭一己之力无法获取东亚区域经济合作主导权的情况下，把美国、澳大利亚、新西兰、印度等国拉入，将东亚区域经济合作扩至亚太范围，牵制中国，避免中国主导亚太经济一体化进程。在美国退出 TPP 之后，极力促使剩余成员签订 CPTPP，领导亚太经济一体化。东盟力推 RCEP，稀释 TPP 对其东亚区域经济合作主导权的冲击。在日本促成 CPTPP 情况下，东盟和中国努力推动 RCEP 谈判早日结束，签

① 张群. 亚太区域经济合作中的制度博弈 [J]. 国际关系研究，2018（6）：93-107.

订协定，对冲来自 CPTPP 的压力。

第二，合作路径之争。亚太经济一体化合作路径包括亚太路径和东亚路径。前者辐射亚太地区，具体包括 APEC/FTAAP、TPP/CPTPP。后者由东盟主导，成员主要集中在东亚地区，具体包括五个"10+1"FTA、"10+3"框架、"10+6"框架、中日韩 FTA、RCEP。亚太经济一体化路径之争涉及亚太路径和东亚路径，以及东亚路径内部的中国倡导的"10+3"和日本倡导的"10+6"框架之争。对美国而言，亚太地区在世界上的重要性不断上升，具有重要战略意义，美国不愿被排除在东亚经济一体化进程之外，极力主张在亚太框架下推进区域经济合作。对东盟而言，在大国夹缝中谋求生存，采取大国平衡战略，极力维护地区安全，保障独立自主，维护其主导的东亚区域经济合作安排。对中国而言，在合作共赢的基础上参与亚太经济一体化建设，支持东盟在东亚区域经济合作中的主导地位，创建于己有利的框架安排，掌握主动权，避免被美国和日本边缘化。对日本而言，联合美国遏制中国，避免中国获取亚太经济一体化主导权，谋求与美国等外交关系好的国家共同主导亚太经济一体化进程的亚太路径。

第三，国际经贸规则制定权之争①。美国加入 TPP，试图通过商签高标准的 FTA，掌控国际经贸规则制定权，为广大发展中国家重新设置准入门槛，确保其在国际经济合作中的竞争力和主导权。TPP 贸易议题绝大多数涉及竞争政策、劳工、环境、知识产权等边界内议题，占比高达 70%。东盟力推 RCEP，稀释 TPP 的影响。亚太地区一度形成 TPP 和 RCEP 两大区域经济合作机制并驾齐驱的局面。发达国家和发展中国

---

① 张群. 亚太区域经济合作中的制度博弈 [J]. 国际关系研究，2018（6）：100-106.

家关于国际经贸规则的竞争从隐形层面上升到显性层面。TPP 和 RCEP 之间的竞争恰恰反映了国际经贸新规则和传统贸易规则之间的竞争。美国退出 TPP 之后，亚太经济一体化主要参与方之间关于国际经贸规则制定权的博弈仍然激烈上演。美国将国际经贸规则竞争领域由多边转向双边，秉持"美国优先"外交原则，推行贸易保护主义和单边主义，通过惩罚性关税、技术封锁等手段，追求所谓的"公平贸易"。

就中美两国而言，国际经贸规则竞争高于社会性权力资源的竞争。两国关于国际经贸规则的竞争，本质上是经济发展能力竞争。经济发展能力是一国维持物质性权力资源优势的基础。美国确保国际经贸规则竞争优势的方式包括：通过惩罚性关税或技术封锁向竞争对手施压，在双边 FTA 商签过程中构建 FTA 轴心国地位；在 FTA 中设置涉及非市场经济国家的歧视性的排外条款，如美墨加 FTA 协定中明确规定，缔约方不得与美国认定的非市场经济国家签订 FTA；联合日本、欧盟向中国施压，三国多次发表声明表达对第三国非市场导向和做法的共同关切；利用 G20、APEC 等国际经济合作多边平台，讨论相关议题，推进美国主导的 FTA。

就中日两国而言，社会性权力资源的竞争高于国际经贸规则竞争。两国竞争领域集中在功能性合作和区域公共产品供给上。日本采取容纳式制度均势策略和制度间均势策略，前者表现在日本主张将 TPP 谈判条款引入 RCEP 谈判中，后者表现在日本通过力推 CPTPP，进而削弱 RCEP 影响力。

就东盟而言，东盟通过"大国平衡"策略，在大国之间游刃有余，确保其在亚太经济一体化制度设定中的中心地位。东盟充分利用中日对东亚区域经济一体化领导权的竞争关系，采取容纳式制度均势策略，成功将两国纳入其主导的区域经济一体化制度框架中。此外，为应对 TPP 冲击而力推 RCEP，维护其在东亚经济一体化过程中的主导权。

三、亚太地区 FTA 网络错综复杂

随着亚太地区经济发展，区域性生产网络迅速拓展，各经济体之间经贸往来日益密切，FTA 网络错综复杂。这主要表现在形成多个 FTA 轮轴—辐条体系，"意大利面条碗"特征明显，FTA 开放水平差距较大。

亚太地区形成了多个 FTA 轮轴—辐条体系。轮轴—辐条理论认为，一个国家与多个国家签订 FTA，与之签订 FTA 的国家之间并未签订 FTA，该国在这一 FTA 网络中充当"轮轴"，其他国家则充当"辐条"，轮轴国在贸易和投资领域的收益远远大于辐条国。东盟构建的以其为中心的"10+N"机制是亚太地区典型的 FTA 轮轴—辐条体系。此外，中国、日本、韩国、新加坡、美国等国家也积极构建以自己为中心的 FTA 轮轴—辐条体系。根据轮轴—辐条理论，随着体系中辐条国的不断增多，相比之下轮轴国市场容量有限，体系内部利益分配愈加不均衡。此外，辐条国争相签订 FTA，改变本国所处的不利地位，努力成为轮轴国，FTA 数量和规模不断扩大，亚太地区 FTA 网络变得日益错综复杂，这无疑增加了该地区 FTA 整合难度。

亚太地区 FTA "意大利面条碗"特征明显。（见图6-1）亚太地区 FTA 之间关系可分为嵌套型、辐条型和交叠型。① 日本与七个东盟成员签订了双边 FTA，同时与东盟整体签订了 FTA，属于嵌套型 FTA；轮

---

① 盛斌，果婷. 亚太地区自由贸易协定条款的比较及其对中国的启示 [J]. 亚太经济，2014（2）：95.

轴—辐条型 FTA 为一轮轴国与不同国家签订的不同规则的 FTA，如新加坡与中国、美国分别签订双边 FTA；交叠型 FTA 同时具有嵌套型和轮轴—辐条型 FTA 特点，如东盟与中、日、韩三国分别签订的 FTA。如前文所述，轮轴—辐条型 FTA 会增加亚太地区 FTA 整合难度。处于嵌套型 FTA 和交叠型 FTA 网络的国家，在进行贸易时，需要对比不同FTA 的规则，做出最优选择，从而降低了贸易的效率。而这两种类型中的辐条国还处于优惠被侵蚀和遭受原产地限制的不利处境。

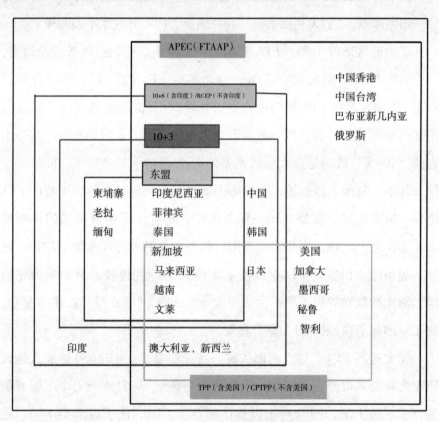

图 6-1　亚太区域经济合作机制

四、逆全球化现象升温，贸易保护主义势头增强

近年来，逆全球化思潮不断高涨，贸易保护主义势头增强。首先，逆全球化的"黑天鹅"事件频发，如英国脱欧、意大利公投修宪失败、特朗普当选、欧洲难民危机引发的种族和文化冲突等。特朗普声称要退出多哈回合谈判，甚至要退出 WTO。其次，全球范围的贸易保护主义势头增强。以 G20 为例，2012—2018 年间，G20 成员月均出台 6 项新的贸易限制措施。（见图 6-2）美国是当今实行贸易保护主义的头号国家。如图 6-2 所示，近十年，美国采取的歧视性干预措施数量不断攀升，从 2010 年的 332 项升至 2019 年的 2071 项。近几年，都保持在 10% 左右的增速，10 年间最高增速为 129%。在此背景下，在 2019 年前 11 个月，中国出口产品遭遇 21 个国家（地区）83 起贸易救济立案，其中反倾销 56 起、反补贴 9 起、保障措施 18 起（含美国海绵钛 232 调查），涉案金额约 116 亿美元。美国是发起涉华调查最多的国家，达 15 起。此外，美国还发起了 25 起涉及中国出口产品的 337 项调查，涉案金额约 165 亿美元，案件数量和金额同比分别增长 47% 和 9%。① 最后，贸易保护主义掣肘世界经济复苏与经济增长。波士顿咨询公司一份报告显示，自 2008 年金融危机以来，全球贸易增速迅速从 8% 的年均复合增长率降低至 0.2%。而作为衡量全球化的一项重要指标，全球贸易总额

---

① 商务部. 防范贸易风险 维护产业安全 贸易救济工作取得积极进展［EB/OL］. 中国商务部官网，2020-01-08.

占 GDP 的比重更是自 2008 年达历史峰顶后，在过去 7 年内降幅达到
了 13.6%。①

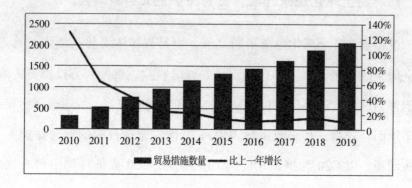

图 6-2　2010—2019 年美国歧视性贸易干预措施数量　单位：项，%

数据来源：SIMON J. EVENETT S Johannes FRITZ J. The 25th Global Trade Alert Report：Going It Alone? Trade Policy After Three Years of Populism ［R］. The Global Trade Alert，2019.

在全球经济复苏缓慢、贸易低迷的情况下，若贸易保护主义盛行，
自由贸易就会陷入"囚徒困境"，部分国家为保护本国产业而不惜牺牲
他国利益，其他国家就会"以彼之道，还之彼身"，从而引发贸易战。
全球自由贸易制度安排正在经受重大考验，经济全球化格局发生着深刻
复杂的变化。在此背景下，中国表示，坚定推进开放、包容、共享、均
衡的自由贸易战略。习近平总书记指出："我们要坚定不移发展全球自
由贸易和投资，在开放中推动贸易和投资自由化便利化，旗帜鲜明反对
保护主义。搞保护主义如同把自己关进黑屋子，看似躲过了风吹雨打，

———————

① 袁源. 在博鳌读懂"逆全球化"［N］. 国际金融报，2017-03-27（1）.

但也隔绝了阳光和空气。打贸易战的结果只能是两败俱伤。"① 推动自由贸易战略是推动经济全球化持续发展的重要动力，是引领全球化新进程的重要载体，逆全球化不利于推进亚太经济一体化。

五、APEC 发展前景堪忧②

APEC 作为亚太经济一体化的重要载体在推进贸易投资自由化便利化和经济技术合作等领域取得了显著成效，但其作为一种"软机制"，导致其缺乏约束力，无法保证成员集体行动的效率。随着内外部形势发展，APEC 发展面临诸多挑战，前景堪忧。

第一，亚太地区其他区域经济合作安排带来冲击。截至 2018 年，APEC 内部已生效 RTA/FTAs 数量达 64 个。除了内部大量 RTA/FTAs 外，亚太地区还出现了 TPP/CPTPP 和 RCEP 两个巨型 FTA。这些 RTA/FTAs 彼此交叉重叠，难免产生"意大利面条碗"效应，一定程度上影响了 APEC 所强调的开放性、非约束性，也相对稀释了 APEC 的影响力。

第二，议题不断扩展影响 APEC 经济领域的推进效率。贸易投资自由化、便利化以及经济技术合作，一直是 APEC 的核心议题。20 世纪 90 年代末以来，随着形势的发展，APEC 议题逐步由经济领域扩展到非经济领域，广泛涉及反恐、反腐、能源、科技、社会责任、新经济、基

---

① 习近平. 共担时代责任　共促全球发展——在世界经济论坛 2017 年年会开幕式上的主旨演讲 [N]. 人民日报，2017-01-18 (3).

② 庄芮，张国军. 亚太经合组织三十年发展回顾与展望 [J]. 海外投资与出口信贷，2019 (1)：23-24.

础设施互联互通等。其中，安全、反腐等非经济议题已成为 APEC 常规议题。议题的不断扩大，不可避免地分散了 APEC 成员的精力，影响到该组织经济领域的推进效率。同时随着议题增多，部分成员提出应通过强化 APEC 约束性来提高效率，而这势必对 APEC 传统奉行的自主自愿原则构成挑战。此外，议题扩大也使 APEC 内部出现分化，如美国等发达成员颇为关注政治安全领域议题，而发展中成员则更强调经济发展等议题。

第三，"茂物目标"最终实现存在变数。APEC 高官会于 2011 年 5 月批准了新的对成员"茂物目标"执行情况进行评估的指导原则，决定自 2012 年起，每两年对成员"茂物目标"执行情况评估一次。2016 年的 APEC 评估报告指出：APEC 成员间的贸易投资自 20 世纪 90 年代以来有所增长，但自 2008 年全球金融危机爆发以来贸易增速放缓；关税总体上得到削减，但是非农行业的关税依然较高；服务贸易限制措施减少，但不同成员和行业之间的限制程度不同；非关税壁垒呈现增多态势；外商投资前景不容乐观，但政府一直致力于改善投资环境；贸易便利化取得积极进展；尽管采取了一些促进投资便利化的措施，但仍然存在抬高投资成本的障碍；尽管实现了经济增长和社会进步，但自金融危机以来就业水平尚未恢复；环境可持续增长方面喜忧参半。

从实际执行情况看，APEC 要在 2020 年最终实现"茂物目标"还存在变数。首先，"茂物目标"设定时并没有给出具体的量化指标，因而缺乏清晰的评价标准，这导致各成员对目标理解各异。其次，APEC 迄今缺少对成员践行"茂物目标"的严格监督和评估机制，加之自主自愿的非约束性原则，使得"茂物目标"的推进难有制度保障。最后，

APEC 成员间的贸易投资自由化进入"瓶颈期",进一步推动阻力重重,加之 WTO 多哈回合谈判陷入僵局,各成员对于最终落实"茂物目标"总体态度消极。

第四,贸易保护主义抬头带来负面冲击。近年来,以美国为首的发达国家贸易保护主义不断抬头。2017 年 1 月特朗普上台后,美国正式宣布退出 TPP,并要求重新谈判 NAFTA,随后韩美自由贸易协定也开始重新谈判。如今,贸易保护主义对世界经济的负面影响进一步显现。2018 年 10 月,国际货币基金组织(IMF)发布《世界经济展望:稳定增长面临的挑战》报告,将 2018—2019 年的全球增长率预测调降为 3.7%。2018 年 11 月,在巴布亚新几内亚举行的 APEC 领导人非正式会议由于成员间分歧严重,会后未发表任何领导人共同宣言,这在 APEC 历史上首次出现。显然,贸易保护主义非常不利于 APEC 的发展。

APEC 软机制性质导致的发展困境使其无法最大限度地整合各经济体之间的经济合作与亚太地区的统一市场,在促进成员国国内经济增长、扩大区域市场、加快亚太地区贸易投资便利化和自由化上的能力不足,致使发达成员和发展中成员贸易及投资政策差距不断拉大,亚太地区自由化福利大大减弱。①

六、贸易合作和环境合作尚未一体化

APEC 自成立之时就开始关注环境问题,在推进亚太国家环境合作

---

① 于潇,孙悦. 逆全球化对亚太经济一体化的冲击与中国方案 [J]. 南开学报(哲学社会科学版),2017(6):93.

上取得了一定成绩。尽管 APEC 呼吁成员将贸易与环境一体化，但二者仍然相分离。各国在进行环境合作时没有把可持续发展列入优先日程，没有采取有效行动使贸易投资自由化和便利化走上可持续发展的道路。首先，APEC 成员政治文化和经济发展水平的差异性导致其在环境合作中的不同态度和行为。发达成员早在 20 世纪 60—70 年代就建立了比较完善的环境法规体系，而发展中成员则在 20 世纪 90 年代才逐渐增强环境意识。发达成员和发展中成员在促进贸易投资自由化和便利化上达成了共识，但在自由化的速度和范围以及承诺的约束性上存在分歧，这使得他们在贸易环境问题上持不同立场。例如，美国和加拿大在注重环境保护的同时，更注重自由贸易；日本在注重环境能力建设的同时，保护个别部门；东盟坚持贸易开放速度和范围取决于本国发展目标，其对环境保护的认知也是如此。这在一定程度上阻碍着成员环境合作。其次，APEC 成员环境领导能力分散。各成员是环境保护的主体，美国、日本、印度等国既是引发环境问题的行为体，也是深受环境问题困扰的受害者，还是解决环境问题的主力军。这些国家在亚太地区乃至全球环境治理中发挥重要作用，理应成为全球环境问题治理的领头羊。然而，亚太地区环境合作主要集中于双边和次区域层面，尚未形成某一大国主导的环境治理机制。大国在亚太地区争斗激烈，环境领域自然成为大国博弈领域之一，各大国难以接受其他国家主导的环境治理机制。此外，亚太区情复杂，环境问题的应对需要多方协调，投入和产出往往不对等，大国出于自身利益考虑，更为关注促进贸易投资自由化和便利化，对环境保护并不热心，主动担责的意愿明显不足。例如，美国拒绝批准《京都议定书》，启动退出《巴黎协定》流程，为其他国家做了不良示范。最后，环境合作缺乏机制约束。APEC 是一个松散的地区性论坛，属于"软组织"机制，采取自上而下的运作方式，通过协调的单边主义促进目标的实现，不具有强制约束性。APEC 所有问题都需要成员一致同意，这就无法避免一些成员出于本国利益考虑，故意拖延以等待其他国家做出让步，造成协议达成的低效率。APEC 这种软机制同样制约着环境合作，导致合作进展缓慢，缺乏协调力度，效率低下。这在一定程度上也影响贸易合作与环境合作一体化形成。①

第二节　人类命运共同体视角下亚太经济一体化推进路径

如前所述，亚太经济一体化面临着来自政治、安全、经济、文化、生态等方面的挑战。人类命运共同体思想为推进亚太经济一体化指明了方向：政治层面，对话而不对抗，结伴而不结盟，扫除政治障碍；安全层面，以对话解决争端，以协商化解分歧，构建有利安全环境；经济层面，坚持合作共赢，实现共同发展；文化层面，交流互鉴，增进文化认同。生态层面，发展绿色低碳经济，促进可持续发展。

一、政治层面：对话而不对抗，结伴而不结盟，扫除政治障碍

美国、日本、东盟等亚太经济一体化主要参与者的权力博弈决定着亚太经济一体化的走向。对美国而言，冷战结束后，美国成为世界上唯

---

①　陈建国. 亚太经合组织的环境合作 [J]. 亚太经济，2001（5）：5.

一的超级大国。于是，美国的全球战略重点是确保自己的霸主地位不会受到挑战。美国试图通过继续增强自己的综合国力，充当国际游戏规则的制定者，并扮演国际警察的角色。因此，防止一个世界性或地区性的霸权国家的产生成为其战略的优先考虑。相对亚太就是要防止该地区大国称霸亚洲，挑战美国。后金融危机时代，亚太地区对全球经济起了重要的引领和推动作用，全球经济中心正在从大西洋地区向太平洋地区偏转。东北亚地区是美国的亚太战略核心地区之一。如何处理中美关系，遏制中国发展和壮大，如何更好地利用美日同盟牵制日本来为美国更好地服务，如何在中日、日俄、韩日等国家在领土和其他领域存在的这样或那样的纠纷与矛盾中寻求平衡，形成它们之间的相互牵制和利用，是美国东北亚战略的重要内容。美国在中日韩三国建立政治互信中发挥着双重影响。冷战结束后，美国为了实现自己的全球霸权和亚太地区主导权，继续在东北亚推行同盟战略，维持并强化美韩、美日同盟关系，长期在两国驻军，与日韩两国频繁进行军事演习，不断刺激朝鲜的敏感神经，在一定程度上促使着朝鲜加快研制核武器，加深了朝韩双方的隔阂，不利于朝核问题的解决，影响了东北亚大国之间关系的互动。同时，美日两国均担心地区性大国的崛起会对自己构成威胁，想办法制造各种事端，遏制迅速发展的中国，这种做法加剧了这一地区美日和中国之间的战略冲突。此外，美日、美韩同盟使美国能够在一定程度上制衡日本和韩国。美国将日本绑在自己的安全战车上，同时也企图束缚日本，避免其再次走上军国主义道路，抑制日本的政治野心，不容其分享和挑战美国在东北亚的主导权。当日本和韩国因历史问题而关系变得紧张的时候，美国可以从中斡旋和调节，避免事态升级。这样，美国在一定意义上充当了东北亚地区的"稳定器"。也正是由于中日美这种复杂的不等边三角关系以及中日韩三国之间缺乏政治互信，为东盟实施"大国平衡"战略提供了机会。亚太经济一体化主要参与方战略博弈激烈，各方着力塑造彼此间的力量均势，亚太经济一体化在此过程中曲折发展。

构建人类命运共同体思想为应对亚太经济一体化发展进程中的这一困境提供了新思路。构建人类命运共同体思想根本要义在于国家之间要构建平等相待、互谅互让、互学互鉴的伙伴关系。中美两国要尊重彼此核心利益和重大关切，管控矛盾分歧，努力构建不冲突不对抗、相互尊重、合作共赢的新型大国关系。2013 年，习近平总书记同奥巴马庄园会晤时达成中美双方共同构建中美新型大国关系的共识，即"不冲突不对抗、相互尊重、合作共赢"。2017 年，习近平总书记同特朗普庄园会晤时再次强调"合作是中美两国唯一的正确选择"。中美两国只有通过合作才能实现共赢，合作符合双方根本利益，也会弱化双方走向对抗、冲突的动力。中美两国在意识形态、社会制度、文明传统、发展阶段方面存在巨大差异，一些人认为两国关系会陷入"修昔底德陷阱"。中美两国构建新型关系确实存在一定的挑战性，尽管如此，中国仍有信心建设新型大国关系。习近平总书记指出："第一，双方都有建设新型大国关系的政治意愿。第二，40 多年双方合作的积累，使两国合作具有很好的基础。第三，双方建立了战略与经济对话、人文交流高层磋商等 90 多个对话沟通机制，为建设新型大国关系提供了机制保障。第四，双方建立了 220 多对友好省州和友好城市。中国有近 19 万学生在美留学，美国有 2 万多学生在华留学。建设中美新型大国关系具有深厚民意基础。第五,未来两国有着广泛的合作空间。"①

政治互信是国家之间开展关系的战略动力和重要保障,其核心是相互尊重、相互理解、平等相待。构建中美建设新型大国关系是一项前无古人、后启来者的事业。中美需要在加强对话、增加互信、发展合作、管控分歧的过程中,不断推进新型大国关系建设。两国要相互尊重,美国要摆平心态,客观看待中国的发展,对中国需要表现应有的尊重,平等相待。美国需要尊重中国的社会制度和道路选择,作为局外人,不应无端妄议。正如习近平总书记所说的:"鞋子合不合脚,自己穿了才知道。"美国需要尊重中国维护国家领土主权完整和国家统一等核心利益,还需要尊重中国作为一个崛起大国的正当利益诉求,应当尊重中国不违背国际法和国际关系行为准则的利益诉求。

中日韩存在至今的历史问题、中国威胁论、领土领海纠纷,同时还深受朝鲜问题和美国因素的影响,这些问题和影响因素的存在,使三国彼此间缺乏政治互信,这为外部干扰因素介入提供了机会,阻碍着亚太经济一体化的发展。三国可以尝试多管齐下,通过多种渠道来解决这些问题,积极构建新型国家间关系。首先,加强政府间交流。三国领导层可以充分利用"10+3"会议、博鳌亚洲论坛、全球智库峰会等国际平台,开展对话交流,交换意见,增进了解,推动合作。其次,推动民间交流、国民间的理解和学习会促进三国间的合作。媒体在民间交流中扮演着重要的角色,媒体的引导性起着至关重要的作用,三国政府如何利用和控制媒体将会影响相互的民间交流。三国可以适当控制媒体对彼此所存在问题的挑衅宣传,尽量避免由于媒体煽动而引发民众发表偏激言

---

① 习近平. 习近平谈治国理政 [M]. 北京:外文出版社,2014:280.

论和采取行为。三国可以通过开展教育往来、旅游合作等，促进民心相通。教育交流可以增进青年一代相互了解。旅游也是重要的交流形式，可以拉近三国民众间的地理和心理距离，增进了解和信任。中日韩在东北亚和世界上具有重要的影响力，三国增强政治互信有利于相互间经济合作，推动亚太经济一体化发展。朝鲜问题、中日关系、中韩关系、日朝关系、日韩关系阻碍着亚洲经济合作的深化；市场因素推动着亚洲经济一体化逐步发展；中日韩经济一体化需要三国有化干戈为玉帛的政治意愿，需要增强东亚各国的地区认同感和归属感。①

中国与东盟同样存在提升政治互信的问题。随着中国综合国力和国际影响力的不断提升，东盟国家特别关注中国"崛起"后是否会成为一个霸权国。东盟的这种对华未来发展的认知主要受历史、文化与现实国际形势的影响。"二战"后，东盟国家曾在数十年里视中国为地区安全与稳定的威胁。这种对华的不信任难以在短时间内消除。就现实发展而言，中国与东盟国家之间经济发展差距不断拉大，中国国际影响力与日俱增，以及国际舆论掺杂着对华误解和偏见，这在一定程度上导致东盟国家对中国是否会成为霸权国而担忧。中国在第 16 届 "10+1" 领导人会议上表明了中国发展与东盟关系的两个主要政治立场：推动合作的根本在深化战略互信，拓展睦邻友好；深化合作的关键是聚焦经济发展，扩大互利共赢。近些年，中国与东盟签署了《南海各方行为宣言》，达成了 "南海各方行为准则"，并加入《东南亚友好合作条约》。中国还提出了构建中国—东盟命运共同体构想，这一构想是人类命运共

---

① CHEOW E T C. Strategic Relevance of Asian Economic Integration [J]. Economic and Political Weekly, 2005 (9): 3960-3967.

同体构想在区域层面的实践。构建中国—东盟命运共同体思想包含着相互依赖于合作共生时代背景下中国的国际权力观、共有利益观、地区合作与共同治理观。在此框架下，东盟将中国的发展视为机遇和确保地区安全平衡的一支建设性力量，中国将东盟视为地区合作的"驾驶员"和"10+3"机制的组织者和协调者，双方通过协商应对问题，不断增强彼此的政治互信。

二、安全层面：以对话解决争端，以协商化解分歧，构建有利安全环境

亚太地区是大国（中、美、日、俄、印等）竞争激烈的地区之一，加之部分国家之间历史积怨、领土领海争端等问题时而发酵，军备竞赛、恐怖主义、网络安全等传统安全和非传统安全相互交织，安全环境复杂。构建人类命运共同体思想提出，要坚持以对话解决争端、以协商化解分歧，统筹应对传统和非传统安全威胁。亚太各国要想维护和平稳定环境，需要摒弃冷战思维，树立共同安全理念。在彼此交往过程中，要努力实现平等对话、共同协商，诉诸和平方式而不是武力解决争端。亚太经济一体化离不开和平稳定的外部环境，各方应共同维护地区安全与稳定。

就中美关系而言，由于历史和现实原因，美国成为后冷战时代影响东北亚安全局势走向的最大外部因素。美国长期以来一直重视发展与日本、澳大利亚的盟友关系以及与印度的伙伴关系。特朗普政府明确提

出："我们将寻求提升与日本、澳大利亚、印度的四方合作。"① 特朗普政府把美日同盟关系视为其在亚洲同盟体系的"基石"，把日本视为"关键盟友"，欢迎和支持日本发挥强大的领导作用。② 特朗普政府也高度重视与印度的关系，表示欢迎印度成为一个全球领导型力量和一个强大战略与防务伙伴。③ 美国在亚太地区逐步构建小多边地区安全与经济结构，包括美日澳三边外交安全架构、美日韩三边情况共享系统、美日印三边经济安全安排。就美日澳三边外交安全架构而言，该构架现已机制化，三国多次开展军事演习，并就重大国际问题（南海问题等）立场协调一致。就美日韩三边情报共享系统而言，三国于 2014 年签署《关于朝鲜核与导弹威胁的情报交流协议》。该协议明确，可以通过口头、电子、文书等形式共享、互换军事情报，但韩日不直接进行情报交换，而是以美国国防部为中转。这标志着三国已经形成共享情报的基本框架。就美日印三边经济安全而言，对印太区域的战略性港口和其他基础设施投资，并就三边海上安全合作等达成了共识。 "马拉巴尔"（Malabar）年度军事演习使得美日印三边军事合作逐步制度化、常态化。④ 美国正在着力打造以日本为东部支点，以印度为西部支点、以澳大利亚为南部支点、以美国为主导的菱形区域安全架构。⑤ 不难看出，美国通过强化与日印澳三方合作，推进印太战略，压缩中国在印太地区

---

① The White House. National Security Strategy of the United States of America [EB/OL]. 美国白宫官网，2017-12-18.

② The White House. National Security Strategy of the United States of America [EB/OL]. 美国白宫官网，2017-12-18.

③ The White House. National Security Strategy of the United States of America [EB/OL]. 美国白宫官网，2017-12-18.

④ 陈积敏. 特朗普政府"印太战略"：政策与限度 [J]. 和平与发展，2018（1）：29.

⑤ 徐金金. 特朗普政府的"印太战略" [J]. 美国研究，2018（1）：8.

的战略空间，遏制中国崛起。

就中日韩三边关系看，中日韩三国安全领域的合作相对落后，存在"安全两难"问题。John Herz 认为，凡在国家间"共处但未结成较高的统一"的场合，或者说在缺乏"可以对它们施加行为标准，并且由此保护它们彼此免遭对方攻击的较高权威"的场合，总是存在着下面这样的安全两难问题：每个国家始终担心被对方侵害，因而为求得安全势必多多益善地追求实力和权势，而这又会使对方感到不安全，从而也多多益善地追求实力和权势以防不测，结果就进一步加剧了原本的安全担忧。这样一种作用和反作用恶性循环，源于国际无政府（亦无有效的共同行为标准）状态中国家间必有的互相猜疑和互相惧怕，其中包含着敌意和紧张滋生的逻辑必然性，并且在没有制约因素的情况下显然难免步步升级为对抗和冲突。① 如前文所述，中日韩至今存在的历史问题、中国"威胁"论、领土领海纠纷，同时还深受朝鲜问题和美国因素的影响，这些问题和影响因素的存在会导致三国彼此间缺乏政治互信，激起军备竞赛，甚至导致战争爆发。

构建亚太地区和平稳定环境，为亚太经济一体化提供和平外部环境，需要处理中美、中日韩关系，需要管控好周边热点问题（朝鲜半岛问题、钓鱼岛问题、南海问题等），需要倡导和推进亚洲新安全观。第一，处理好中美关系。美国是亚太地区最大的发达国家，中国是亚太地区最大的发展中国家。中美在亚太地区有着广泛的共同利益，两国对亚太地区的和平与发展负有重要责任。中美两国由于社会政治制度、意识形态和历史文化背景不同，在对待双边关系和国际关系上存在着原则

---

① 时殷弘. 东亚的"安全两难"与出路 [J]. 南京政治学院学报，2000（6）：48.

分歧。中美需要超越零和博弈与冷战思维，利用现存各种机制，加强沟通，增进战略互信。中美关系作为当今世界最重要的双边关系之一，中国对此高度重视。"中美关系是当今世界最重要的双边关系之一，在中国外交布局中占有特殊重要位置。中国始终从战略高度和长远角度看待和把握中美关系，致力于发展长期健康稳定的中美关系。……事实证明，中美关系保持稳定发展，不仅有利于两国，也惠及世界。新形势下，我们将牢牢把握两国关系正确方向，不断做大两国共同利益的蛋糕，携手应对 21 世纪的共同挑战，为两国人民乃至世界人民带来更多福祉。"① 中国应始终坚持以构建人类命运共同体为导向的对外战略，坚持相互尊重、平等协商，坚决摒弃冷战思维和强权政治，走对话而不对抗、结伴而不结盟的国与国交往新路。

处理好中日韩关系。东北亚地区安全合作形式主要分为双边和多边两个层面。就多边安全合作而言，初步形成了地区多边安全合作机制，包括"东盟地区论坛""亚太安全合作理事会""东北亚合作对话会""亚洲相互协作与信任措施会议"等。就双边安全合作而言，中韩两国主要在军事等传统安全领域进行交流，在打击毒品、恐怖主义、金融经济犯罪、海盗等非传统安全领域进行合作。中日两国主要在军事等传统安全领域进行交流，在能源、海啸、地震，以及打击洗钱、贩毒等跨国犯罪等领域进行合作。韩日两国主要在军事领域进行交流，因为同为美国同盟，所以两国军事合作可以看作与美军合作的一部分。因此，三国可以从双边安全合作和多边安全合作出发，以传统安全和非传统安全为

---

① 习近平. 在西雅图出席侨界举行的欢迎招待会时的讲话［N］. 人民日报，2015-09-25（2）.

切入点，通过对话和建立信任措施增进互信，消除误解，扩大合作基础，在加强传统安全领域的合作的同时，深化非传统安全领域的合作，以非传统安全领域的合作带动传统安全的高政治领域，为推动构建地区安全合作机制做出贡献。

第二，管控好周边热点问题，包括朝核问题、钓鱼岛问题和南海问题。首先，朝核问题关系着朝鲜半岛局势和东北亚地区稳定，直接影响着亚太地区安全和稳定。由于朝美、朝韩严重缺乏互信，朝鲜坚持发展核武器，美韩坚持施压，朝核问题一波三折，成为亚太地区的安全隐患之一。中国坚持不懈推进各方会谈，推动朝核问题解决。2018 年 9 月，朝鲜承诺实现半岛无核化。其次，钓鱼岛问题是日本侵犯中国领土所引发的争端，是影响中日关系健康发展的一大难题。2014 年中日双方达成共识，同意通过对话磋商防止钓鱼岛等东海海域局势恶化，建立危机管控机制，避免发生不测事态。最后，南海问题不仅涉及岛礁主权争议，而且涉及海域划界问题，短期内难以解决。为了维护南海稳定，中国政府提出搁置争议、共同开发的主张，但是由于相关国家加快对南海开发步伐和美国干涉，问题愈加复杂。中国坚持通过对话和协商解决问题，与南海各方达成"行为准则"。此外，通过推进 21 世纪海上丝绸之路建设，积极开展与相关国家的海上合作。

第三，倡导和推进亚洲新安全观。亚洲新安全观强调共同安全、综合安全、合作安全和可持续安全，对于维护亚太地区和平与稳定，建设亚洲命运共同体和人类命运共同体具有重要意义。就共同安全而言，亚太地区国家众多，差异较大，安全形势复杂多样，各国安全诉求各异。维护该地区安全稳定符合每一个经济体的利益，各经济体需要摒弃零和博弈的冷战思维，树立安全共同体意识。各经济体需要树立平等的安全合作理念，推进建立开放包容的地区安全合作架构，让每个国家都能表达自己的安全诉求，应树立求同存异、和而不同的理念，避免排他性安全和牺牲别国安全来谋求本国安全。就综合安全而言，亚太地区安全形势复杂，大国博弈和地缘政治冲突叠加。与此同时，恐怖主义、跨国犯罪、重大传染性疾病等非传统安全挑战日益突出。在此背景下，中国倡导综合安全观，强调统筹维护兼顾传统安全和非传统安全，综合施策，协调推进地区安全治理。就合作安全而言，各经济体应协商解决问题，通过合作共赢实现安全。亚太地区经济体都应参与安全事务讨论，共同应对安全挑战。各经济体应树立合作共赢的新思维，通过对话增进政治互信，和平解决争端。就可持续安全而言，亚太地区各经济体发展水平参差不齐，发展水平低下和贫富差距拉大，为恐怖主义、极端主义等安全问题滋生提供了土壤。亚太各经济体需要深化合作，支持和帮助落后经济体解决发展问题，带动地区整体发展，进而消除因发展问题引发的安全隐患。

三、经济层面：坚持合作共赢，实现共同发展

如前文所述，亚太经济一体化面临着 FTA 网络错综复杂，难以整合，APEC 发展前景堪忧，以及逆全球化冲击的困境。构建人类命运共同体思想认为，各经济体要同舟共济，促进贸易和投资自由化便利化，推动经济全球化朝着更加开放、包容、普惠、平衡、共赢的方向发展。各国要根据自身禀赋特点，制定适合本国国情的发展战略。要创造良好

的外部制度环境，健全发展协调机制，加强宏观经济协调。要维护 WTO 框架下国际经贸规则，推动建设开放型世界经济。这为推进亚太经济一体化提供了指导思想。

第一，各国根据本国国情制定发展战略，坚持合作共赢，实现共同发展。亚太地区每一个国家的经济发展程度不同，每个国家综合国力也存在一定的差距。坚持合作共赢，实现共同发展。亚太各经济体应树立双赢、共赢的观念，在谋求发展过程中兼顾本国和他国利益，在实现自身发展的同时，也要带动其他国家发展，最终实现亚太各经济体共同发展。中国—东盟 FTA 建设取得显著成绩，为亚洲国家经贸往来搭建了一个良好的合作平台；亚投行的建立为亚洲各国经济发展提供了资金支持；中国通过"一带一路"建设，加强与相关国家互联互通，促进了亚太地区各国经贸往来；中国携手亚太各国，共同努力打造"亚太命运共同体"。这些都为促进亚太经济一体化提供了有利条件。

第二，坚定支持多边贸易体制，反对贸易保护主义。习近平总书记在世界经济论坛 2017 年年会开幕式上指出："要坚定不移发展全球自由贸易和投资，在开放中推动贸易和投资自由化便利化，旗帜鲜明反对贸易保护主义。""要坚持多边主义，维护多边体制的权威性和有效性。"当前，美国打着开展自由且公平贸易的幌子，行贸易保护主义之实，在区域经济合作中奉行双重标准，不顾国际规则的约束，采取机会主义态度，进行选择性遵守。美国试图抛开 WTO，重新制定全球经贸规则，为发展中国家设置更高准入门槛。中国需要坚定推进开放、包容、共享、均衡的自由贸易战略，维护 WTO 规则，积极推动 WTO 改革，坚决反对单边主义和保护主义。

第三，推进 APEC 改革，提高其运行效率。APEC 在长期的实践中形成了一套独特的运行机制即"APEC 方式"，其主要特点是开放、自主自愿、协商一致且灵活渐进。这种方式契合各成员需求的多样性，一度推动了 APEC 进程，但也日益暴露出一些缺陷。比如，开放性使得非成员可以"搭便车"，以较低成本甚至是零成本享受 APEC 成员经过辛苦谈判达成的一些优惠条件。这在一定程度上影响了 APEC 成员努力实现"茂物目标"的积极性。APEC 强调自主自愿、协商一致，这符合亚太地区成员的多样性特点。因此，未来 APEC 可以继续保持其运行原则，但应适当进行机制改革，强化监督与评估职能，提高各领域执行效率。此外，坚持贸易投资自由化方向，确保 APEC 合作机制运行通畅。APEC 更应坚持正确方向，坚决反对贸易保护主义，敦促各成员共同努力实现"茂物目标"，并在此过程中进一步扩大开放，推动亚太地区乃至全球的贸易投资自由化便利化以及成员间的经济技术合作，同时协调好各方关系，确保 APEC 已有机制顺畅运转。2018 年 11 月，习近平主席在 APEC 工商领导人峰会上发表的《同舟共济创造美好未来》的主旨演讲，不仅高度肯定了 APEC 的已有成就，更明确地为 APEC 未来的发展指明了前进方向："亚太经合组织是建设开放型世界经济的先驱。茂物目标将于 2020 年到期，我们应该着眼 2020 年后合作愿景，坚持推进亚太自由贸易区建设。我们应该旗帜鲜明反对保护主义、单边主义，维护以世界贸易组织为核心的多边贸易体制，引导经济全球化朝着更加开放、包容、普惠、平衡、共赢的方向发展，在开放中扩大共同利益，在合作中实现机遇共享。"

第四，推进中日韩 FTA 和 RCEP。中日韩三国同为东亚重要经济体，三国 GDP 占东亚 GDP 的 90%，占亚洲的 70%，约占全球 GDP 的 20%。三国也是全球贸易大国，约占全球贸易总量的 35%。三国经济规模在全球仅次于欧盟和北美，一旦自贸区建成，将建成一个人口超过 15 亿的大市场，成为世界上人口最多的发展中国家和发达国家联合起来的自由贸易区。① 从中日韩三国合作关系发展现状看，中韩 FTA 已签订并生效，中韩双方目前正在进行 FTA 升级谈判。中日韩三方合作关系逐步恢复并回归正轨，其标志是 2015 年 3 月中日韩三国外长时隔三年后再次召开会议。之后，三国又于 11 月召开了领导人会议，标志着三国合作全面恢复。此后，受东北亚局势和中日关系恶化，三国领导人会议再次进入停摆。2018 年 5 月，三国召开了第七次领导人会议，推动中日韩 FTA 谈判是本次会议的主要议题之一。目前，三国已经进行了 13 轮 FTA 谈判。保持三边关系朝良好态势发展是中日韩 FTA 谈判顺利进行的关键。RCEP 谈判始于 2013 年，相关方于 2021 年签订协定。RCEP 的签署标志着全球最大的自由贸易区成功启航，是东亚区域经济一体化新的里程碑。RCEP 现有 15 个成员国总人口、经济体量、贸易总额均占全球总量约 30%，意味着全球约三分之一的经济体量形成一体化大市场。② 在美国肆意实施贸易保护主义和霸凌主义的背景下，RCEP 谈成将在一定程度上有利于改善全球贸易环境，为多边贸易体制和全球自由贸易注入新动力。中国作为 RCEP 的主要参与方一直以来都积极发挥协调作用，促进谈判早日完成。

---

① 王涛. 中日韩合作机制的形成与演进 [J]. 国际信息资料，2012（10）：1-10.
② 中华人民共和国商务部. 钟山部长代表中国政府签署《区域全面经济伙伴关系协定》（RCEP）[EB/OL]. 中国商务部官网，2020-11-15.

第五，推进"一带一路"建设。中国提出"一带一路"倡议，旨在与沿线国家发展经济合作伙伴关系，打造利益共同体、命运共同体、责任共同体。党的十九大报告指出："中国坚持对外开放的基本国策，坚持打开国门搞建设，积极促进'一带一路'国际合作，努力实现政策沟通、设施联通、贸易畅通、资金融通、民心相通，打造国际合作新平台，增添共同发展新动力。"推进"一带一路"为亚太经济一体化提供了新动力。深入推进"一带一路"建设将进一步加强亚太地区互联互通，推进亚太地区贸易投资自由化和便利化，打造以中巴经济走廊、孟中印缅经济走廊为中心的东亚、东南亚制造业产业链，以及西亚、中东欧、南欧的制造业产业链，打造连接俄罗斯和中亚五国的能源产业链，打造以中国和欧洲发达国家构成的技术贸易和以金融合作为主的服务贸易产业链①；"一带一路"会进一步促进亚太国家金融市场相互开放，实现规则对接，增强亚太地区投融资便利性。亚投行和丝路基金的成立为沿线国家提供融资支持，促进亚太地区金融合作。推动"一带一路"建设，促使共商共建共享原则深入人心。亚太地区国家具有多样性，国家无论贫富、大小、强弱都应平等参与，平等协商，共同建设，共同分享发展成果。在推进"一带一路"建设中，不断增强亚太地区国家形成归属感和同一性，增强国家间的政治互信、经济融合和文化包容，为亚太经济一体化推进扫除障碍。

---

① 刘翔峰."一带一路"倡议下的亚太区域经济合作 [J]. 亚太经济，2018（2）：9.

四、文化层面：推动交流互鉴，增进文化认同

亚太地区各国有着自己的民族文化和宗教信仰，正是不同的文明使亚太地区多姿多彩、千奇百态。如何促进亚太地区文明交流互鉴，避免因文化差异而导致的误解和冲突，建立彼此之间相互信任的安全感，为亚太经济一体化创造良好环境，构建人类命运共同体思想认为，文化上要尊重世界文明的多样性，以文明交流超越文明隔阂、文明互鉴超越文明冲突、文明共存超越文明优越。这为亚太地区国家处理文明关系，为推进亚太经济一体化奠定了文化基础，指明了道路。

第一，树立正确文明观。文明具有多样性。世界各国和各民族在语言、习俗、宗教和社会制度方面存在差异，各具特色，正是这些不同的文明和文化赋予了我们丰富多彩的大千世界。文明具有平等性。习近平总书记指出："各种人类文明在价值上是平等的，都各有千秋，也各有不足，世界上不存在十全十美的文明，也不存在一无是处的文明，文明没有高低、优劣之分。"① 亚太各国要在文明交流中秉持平等互鉴原则，虚心学习其他国家的优秀文明成果，取长补短，扬长避短，在文明交流中努力实现各国共同发展。文明具有包容性。包容是指世界上多种文化和文明能够进行相互吸收和借鉴，进行融合的过程。亚太各国只有抱着包容的心态去对待其他国家的文明，才能避免歧视和偏见，实现不同文明和谐共处，为亚太经济一体化创造良好外部环境。

第二，加强文明交流互鉴。文明因多样而交流，因交流而互鉴，因

----

① 习近平. 在联合国教科文组织总部的演讲 [N]. 人民日报，2014-03-27 (3).

互鉴而发展。加强亚太地区不同国家、不同民族、不同文化交流互鉴，夯实亚太经济一体化人文基础。习近平总书记在 2019 年亚洲文明对话大会开幕式演讲中提出促进亚洲文明交流互鉴的四点意见：一是坚持相互尊重，平等相待。各国应该秉持平等和尊重，摒弃傲慢和偏见，加深对自身文明和其他文明差异性的认知，推动不同文明交流对话、和谐共生。二是坚持美人之美，美美与共。各种文明本没有冲突，只是要有欣赏所有文明之美的眼睛。各国既要让本国文明充满勃勃生机，又要为他国文明发展创造条件，让世界文明百花园群芳竞艳。三是坚持开放包容，互学互鉴。文明交流互鉴应该是对等的、平等的，应该是多元的、多向的，而不应该是强制的、强迫的，不应该是单一的、单向的。各国应该以海纳百川的宽广胸怀打破文化交往的壁垒，以兼收并蓄的态度汲取其他文明的养分，促进亚洲文明在交流互鉴中共同前进。四是坚持与时俱进、创新发展。任何一种文明都要与时偕行，不断吸纳时代精华。我们应该用创新增添文明发展动力、激活文明进步的源头活水，不断创造出跨越时空、富有永恒魅力的文明成果，为推进亚太经济一体化提供智力支持。

第三，推进区域文化认同。卡赞斯坦认为，以民族国家进行考察，观念结构对行为体身份和利益有着构建作用。在历史的进程中，一个国家内部的各种观念和政治力量相互竞争，形成制度化规范，这些规范网络构成了国家的文化结构，它能塑造国家身份和利益，决定国家的政策和行为。[①] 在政治上看，一国的历史和文化习俗影响其外交决策和行

---

① 秦亚青 . 文化与国际社会：建构主义国际关系理论研究［M］. 北京：世界知识出版社，2006：118.

为。具有相似或相同文化习俗的国家之间更容易建立和平友好的关系。从经济层面看，文化的共性能够促进经济合作。欧盟和北美由于文化认同度高，经济一体化程度达到了很高的程度。经济合作的根源在于文化的共性，文化的共性是经济一体化的前提。中日韩三国通过文化交流，尝试建立一种共享文化，最终实现文化一体化，带动三国经济合作。从安全层面看，具有相同文化的国家间的关系与具有不同文化的国家间的关系往往存在区别，一个国家对待具有相同文化的"自己人"与对待具有不同文化的"外人"是不一样的。东北亚文化圈是以中国为中心、以日本和朝鲜半岛为外围的文化圈。圈内各国文化不断碰撞和融合，时间久了形成文化同质性，为这一地区开展文化合作创造了条件。中日韩在悠久历史中形成的共同文化遗产为东北亚国家缩短心灵距离，增强相互信任，更好地增进友好交流和沟通提供了条件。若把有利于文化共同体建设的文化资源整合到一起使其形成一股积极力量，逐步加深区域性文化合作，谋求共同进步与发展，将为推动区域内国家和谐关系的构建提供精神和文化支撑。

第四，充分借助多种平台促进文化交流。推进亚太地区文化交流，需要充分发挥国际组织和亚太各国的作用。随着亚太各国交往的不断深化，除了各国坚持平等、相互尊重、相互借鉴以及包容并蓄的原则外，还需要发挥联合国、APEC 等国际组织的作用，利用国际和地区多边组织平台，进行交流合作；进一步拓展多样化的交流机制和多层次的对话平台；坚持在继承中不断发展，薪火相传，与时俱进，用创新发掘文明发展动力，充分激活文明进步的源头活水；加强各国在文化、旅游、教育、媒体、智库、卫生和民间交往等领域的合作，守望相助、团结共进，为亚洲和世界的和平发展注入智慧和力量，共同创造亚洲文明和世界文明的美好未来。① 亚洲各国应加强不同国家、民族、文化之间的沟通对话，增进相互理解、彼此信任和人民友谊，夯实推动亚太经济一体化的人文、社会、民意基础。

五、生态层面：发展绿色低碳经济，促进可持续发展

亚太地区是全球经济发展的引擎，其经济快速发展的同时，也引发了一系列环境问题，可持续发展压力较大。亚太地区主要存在两方面的环境问题：一是资源破坏，包括土地退化、森林消失、生物多样性丧失、渔业资源减少；二是污染加剧，主要是大气和水污染。这些问题阻碍着亚太地区经济可持续发展，不利于实现亚太经济一体化。构建人类命运共同体思想认为，要坚持环境友好，合作应对气候变化，保护好人类赖以生存的地球家园。要解决好工业文明带来的矛盾，以人与自然和谐相处为目标，实现世界的可持续发展和人的全面发展。要坚持走绿色、低碳、循环、可持续发展之路。构建人类命运共同体思想为全球环境治理指明了发展方向，为实现经济可持续发展提供了应对之道。解决亚太地区面临的环境问题，发展低碳经济，实现可持续发展，推进亚太经济一体化良性发展，亚太经济体可以从以下几方面着手。

第一，通过多边平台加强环境合作，共同解决环境问题。亚太地区存在多个环境合作机制，为各国提供了发表看法、分享经验、协调政策的平台。联合国框架下的亚太环境治理机制包括亚太次区域环境政策对

---

① 亚洲文明对话大会北京共识［EB/OL］. 中国文明网，2019-05-25.

话（the Asia Pacific Sub-regional Environmental Policy Dialogue，简称SEPD）、亚太环境部长论坛（Forum of Ministers and Environmental Authorities of Asia Pacific）、亚太环境与发展部长级会议（the Asia Pacific Ministerial Conference on Environment and Development，简称MCED）、东南亚和东亚国家环境与卫生问题部长级区域论坛（Regional Ministerial Forum on Environment and Health in Southeast and East Asian Countries）、环境与灾害管理专题工作组（the Thematic Working Group on Environment and Disaster Management）；亚太地区环境治理平台包括 APEC 环境部长会议、东亚峰会机制下的环境部长会议（East Asia Summit Environment Ministers Meeting，简称EASEMM）。通过这些多边环境治理平台，亚太国家通过分享信息，明确本地区的环境形势，以便达成共识，共同应对环境问题给经济可持续发展带来的挑战。亚太国家可以通过这些平台定期进行政策沟通协调，落实相关环境宣言、公约、决议等，进行评估反馈，推进相关机制不断完善。

第二，坚持利益共生、责任共担、合作共赢的原则。鉴于发达国家和发展中国家在环境合作问题上的观点分歧，以及环境问题是世界各国面临的共同问题，各国应坚持利益共生、责任共担、合作共赢的原则，推进贸易合作和环境合作一体化。习近平总书记在 2015 年出席气候变化巴黎大会发表讲话时指出："我们应该创造一个各尽所能、合作共赢的未来。对气候变化等全球性问题，如果抱着功利主义的思维，希望多占点便宜、少承担点责任，最终将是损人不利己。巴黎大会应该摈弃'零和博弈'狭隘思维，推动各国尤其是发达国家多一点共享、多一点担当，实现互惠共赢。我们应该创造一个奉行法治、公平正义的未来。要提高国际法在全球治理中的地位和作用，确保国际规则有效遵守和实施，坚持民主、平等、正义，建设国际法治。发达国家和发展中国家的历史责任、发展阶段、应对能力都不同，共同但有区别的责任原则不仅没有过时，而且应该得到遵守。我们应该创造一个包容互鉴、共同发展的未来。面对全球性挑战，各国应该加强对话，交流学习最佳实践，取长补短，在相互借鉴中实现共同发展，惠及全体人民。同时，要倡导和而不同，允许各国寻找最适合本国国情的应对之策。"①

　　第三，在 APEC 框架下统筹贸易合作和环境合作。亚太各国在推进贸易投资自由化和便利化的过程中，需要统筹兼顾环境合作，将二者合而为一。习近平总书记指出："人与自然共生共存，伤害自然最终将伤及人类。空气、水、土壤、蓝天等自然资源用之不觉、失之难续。工业化创造了前所未有的物质财富，也产生了难以弥补的生态创伤。我们不能吃祖宗饭、断子孙路，用破坏性方式搞发展。绿水青山就是金山银山。我们应该遵循天人合一、道法自然的理念，寻求永续发展之路。我们要倡导绿色、低碳、循环、可持续的生产生活方式，平衡推进 2030年可持续发展议程，不断开拓生产发展、生活富裕、生态良好的文明发展道路。"② 亚太国家可以在 APEC 框架下制定一套行之有效的环境合作指导规则，引导各国在此指导规则下制订适合本国可持续发展的行动计划，兼顾贸易合作和环境合作。APEC 可以考虑在成员单边行动计划

---

① 习近平. 携手构建合作共赢、公平合理的气候变化治理机制——在气候变化巴黎大会开幕式上的讲话［N］. 人民日报，2015-12-01（2）.
② 习近平. 共同构建人类命运共同体——在联合国日内瓦总部的演讲［N］. 人民日报，2017-01-19（2）.

中增加自由贸易环境评审，强化成员对可持续发展的承诺；可以考虑设立贸易环境争端调节程序，有效处理贸易环境问题；可以设立贸易环境问题工作小组，实现成员相关信息共享，协调成员贸易环境政策。①

① 陈建国. 亚太经合组织的环境合作 [J]. 亚太经济，2001（5）：6.

参考文献

中文部分

［1］敖丽红，赵儒煜．关于中日韩自贸区建设的理论与实证分析 ［J］．东北亚论坛，2013（4）：73-75．

［2］白洁，苏庆义．CPTPP 的规则、影响及中国对策：基于和 TPP 的对比的分析 ［J］．国际经济评论，2019（1）：59-76．

［3］曹广伟．亚太经济一体化的困境与破局研究 ［J］．亚太经济，2019（2）：5-14．

［4］曹广伟．亚太经济一体化视域下 CPTPP 的生成机理及其后续影响 ［J］．商业研究，2018（12）：90-96．

［5］陈积敏．构建人类命运共同体思想论析 ［J］．和平与发展，2018（4）：1-9．

［6］陈积敏．特朗普政府"印太战略"：政策与限度 ［J］．和平与发展，2018（1）：29．

[7] 陈建国. 亚太经合组织的环境合作 [J]. 亚太经济, 2001 (5)：5.

[8] 陈鲁直. 亚太地区概念形成的社会文化因素 [J]. 亚太经济·亚太纵横, 1995 (3)：2.

[9] 陈淑梅, 赵亮. 广域一体化视角下东亚区域合作为何选择 RCEP 而非 TPP？[J]. 东北亚论坛, 2014 (2)：50-58.

[10] 陈锡喜. "人类命运共同体" 视域下中国道路世界意义的再审视 [J]. 毛泽东邓小平理论研究, 2017 (2)：89.

[11] 陈向阳. 以 "人类命运共同体" 引领世界秩序重塑 [J]. 当代世界, 2016 (5)：19.

[12] 陈鑫. 习近平 "人类命运共同体思想" 研究述评 [J]. 贵州省党校学报, 2018 (1)：9.

[13] 陈须隆. 人类命运共同体理论在习近平外交思想中的地位和意义 [J]. 当代世界, 2016 (7)：8-10.

[14] 陈岳, 蒲俜. 构建人类命运共同体 [M]. 北京：中国人民大学出版社, 2017.

[15] 池元吉, 李晓. 世界经济概论 (第三版) [M]. 高等教育出版社, 2013.

[16] 仇发华. "一带一路" 与亚太区域合作 [J]. 中国周边外交学刊, 2015 (2)：29-141.

[17] 崔日明, 包艳. 建立中日韩自由贸易区的路径选择 [J]. 亚非纵横, 2007 (2)：57-62.

[18] 邓小平. 以和平共处五项原则为准则建立国际新秩序

[M] //邓小平. 邓小平文选: 第3卷. 北京: 人民出版社, 1993: 282.

[19] 丁奎松. 印太战略: 地缘战略内涵、逻辑与思考 [J]. 国际研究参考, 2019 (5): 7.

[20] 董健. 超越国家: 从主权破裂到新文明朦胧 [M]. 北京: 当代世界出版社, 2002: 230.

[21] 董立人. 习近平 "人类命运共同体" 思想研究 [J]. 学习论坛, 2016 (3): 9-10.

[22] 樊莹. CPTPP 的特点、影响及中国的应对之策 [J]. 当代世界, 2018 (9): 8-12.

[23] 范登伟. "亚太介入" 模式下的中美文化冲突研究 [J]. 淮海工学院学报, 2013 (24): 86-89.

[24] 方世男. 提高我国文化软实力需确立全球性战略视野 [J]. 思想理论教育, 2009 (1):

[25] 葛红亮. 莫迪政府 "东向行动政策" 析论 [J]. 南亚研究, 2015 (1): 69.

[26] 宫占奎. 亚太地区 FTA 整合问题研究 [J]. 南开学报 (哲学社会科学版), 2013 (4): 56-63.

[27] 宫占奎. 中日韩自由贸易区发展进程分析 [J]. 创新, 2011 (6): 48.

[28] 关秀丽. 亚太自贸区构建进程的回顾与展望 [J]. 宏观经济管理, 2017 (1): 90.

[29] 郭海龙, 汪希. 习近平人类命运共同体思想的生成、价值和实现 [J]. 邓小平研究, 2016 (3): 44-46.

[30] 国家发展改革委，外交部，商务部.推进共建丝绸之路经济带和21世纪海上丝绸之路的愿景与行动 [N].人民日报，2015-03-29 (4).

[31] 国家开发银行研究院，中国社会科学院国际研究学部.亚太自由贸易区：战略与路径 [M].北京：经济管理出版社，2016.

[32] 国家统计局.国际地位显著提高　国际影响力明显增强——改革开放40年经济社会发展成就系列报告之十九 [EB/OL].国家统计局官网，2018-09-17.

[33] 韩庆祥.为解决人类发展问题贡献"中国理论" [J].东岳论丛，2017 (11)：10.

[34] 郝立新.构建人类命运共同体——全球治理的中国方案[J].马克思主义与现实，2017 (6)：1.

[35] 何永江.美国贸易政策专题研究 [M].天津：南开大学出版社，2019.

[36] 贺平.日本自由贸易战略的新动向及其影响 [J].国际问题研究，2018 (6)：36.

[37] 洪波.人类命运共同体与马克思共同体思想：契合、传承与创新 [J].教学与研究，2018 (10)：86.

[38] 胡波.美国"印太战略"趋势与前景 [J].太平洋学报，2019 (10)：24.

[39] 胡锦涛.努力建设持久和平　共同繁荣的和谐世界——在联合国成立60周年首脑会议上的讲话 [N].人民日报，2005-09-16 (1).

［40］胡锦涛．世代睦邻友好 共同发展繁荣［M］//胡锦涛．胡锦涛文选：第2卷．北京：人民出版社，2016：46.

［41］胡俊芳．中日韩自由贸易区贸易效果的实证分析［J］.上海：复旦大学出版社，2007.

［42］华晓红．国际区域经济合作——理论与实践［M］.北京：对外经济贸易大学出版社，2007.

［43］贾瓦哈拉尔·尼赫鲁．印度的发现（中译本）［M］.北京：世界知识出版社，1956：57.

［44］江时学．人类命运共同体研究［M］.北京：世界知识出版社，2018.

［45］江泽民．在庆祝中国共产党成立八十周年大会上的讲话［N］.人民日报，2001-07-02（1）.

［46］金香丹等．特朗普政府贸易保护主义政策冲击：中日韩FTA谈判的机遇与挑战［J］.东北亚论坛，2019（5）：97-100.

［47］金香兰．日韩FTA战略比较研究［D］.长春：吉林大学博士研究生论文，2018-06.

［48］孔繁颖，李巍．美国的自由贸易区战略与区域制度霸权［J］.当代亚太，2015（2）：82-110.

［49］邝梅．特朗普政府FTA政策调整分析［J］.人民论坛·学术前沿，2020（04）：98-105，119.

［50］李海龙．论"命运共同体"理念及其中国实践［J］.长江师范学院学报，2014（5）：101.

［51］李俊久．日本FTA战略试论［J］.当代亚太，2009

（2）：120.

[52] 李天国．后 TPP 时代中日韩 FTA 的机遇与挑战 [J]．东北亚学刊，2018（2）：48-54.

[53] 李巍，张玉环．美国自贸区战略的逻辑——一种现实制度主义的解释 [J]．世界经济与政治，2018（8）：127-154.

[54] 李长礼．亚太地区的崛起与中国文化的影响 [J]．甘肃理论学刊，1991（2）：55-59.

[55] 廉晓梅，许涛．"逆全球化"与东亚区域经济合作的发展前景 [J]．2017（5）：73.

[56] 凌胜利．韩国的中等强国外交演变 [J]．当代韩国，2015（1）：47.

[57] 刘斌，甄洋，屠新泉．逆全球化背景下中国 FTA 发展新趋势与战略选择 [J]．国际贸易，2018（11）.

[58] 刘晨阳．APEC 三十年与我国参与亚太区域经济合作的战略新思考 [J]．东北亚论坛，2020（2）.

[59] 刘晨阳．APEC 二十年——成就、挑战、未来 [M]．天津：南开大学出版社，2010.

[60] 刘晨阳．亚太区域经济一体化与贸易投资自由化 [J]．国家治理，2018（3）.

[61] 刘建飞，罗建波，孙东方．构建人类命运共同体理论与战略 [J]．北京：新华出版社，2018.

[62] 刘杰．亚太经济合作中的文化趋向性障碍 [J]．当代亚太，1995（4）：72.

［63］刘均胜. RCEP 谈判进程及挑战：从区域视角的评估 ［J］. 国际经济合作，2017（8）：37-44.

［64］刘翔峰."一带一路"倡议下的亚太区域经济合作 ［J］. 亚太经济，2018（2）：8.

［65］刘向丽，黄旭. 特朗普政府贸易保护主义的原因分析——基于双层次博弈理论的视角 ［J］. 日本研究，2018（2）：21-30.

［66］卢欣. 印度区域经济一体化战略探析 ［J］. 东北财经大学学报，2011（4）：71.

［67］米雪，王学玉. 亚太地区主要国家的战略文化研究 ［J］. 当代世界社会主义问题，2017（1）：86-95.

［68］彭羽，沈玉良，唐杰英，等."一带一路"建设与沿线自由贸易区发展 ［M］. 上海：上海社会科学院出版社，2018.

［69］钱进，王庭东. 中日韩自贸区对区域宏观经济及产业产出的影响评估——基于 GTAP 模型的模拟分析 ［J］. 现代日本经济，2017（3）：1-12.

［70］秦亚青. 文化与国际社会：建构主义国际关系理论研究 ［M］. 北京：世界知识出版社，2006：118.

［71］饶世权，林伯海. 习近平的人类命运共同体思想及其时代价值［J］.学校党建与思想教育，2016（7）：18.

［72］习近平会见出席中阿合作论坛第六届部长级会议的阿拉伯国家代表团团长 ［N］. 人民日报，2016-06-06（1）.

［73］任晶晶. 构建人类命运共同体与当代中国外交的创新性发展［J］.中国特色社会主义研究，2017（6）：54.

[74] 阮宗泽.人类命运共同体：中国的"世界梦"[J].国际问题研究，2016（1）：13.

[75] 塞缪尔·亨廷顿.文明的冲突与世界秩序的重建[M].3版.周琪，等译.北京：新华出版社，2002.

[76] 沈铭辉，李天国.韩国对外贸易战略与FTA政策的演变[J].亚太经济，2017（2）：83.

[77] 沈铭辉，李天国.区域全面经济伙伴关系：进展、影响及展望[J].东北亚论坛，2020（3）：113.

[78] 沈铭辉.构建亚太自贸区的路径分析[M]//国家开发银行研究院，中国社科院国际研究学部.亚太自贸区：战略与路径.北京：经济管理出版社，2016：159.

[79] 沈铭辉.中日韩自由贸易区的经济学分析[J].国际经济合作，2011（3）：39-40.

[80] 盛斌，果婷.亚太地区自由贸易协定条款的比较及其对中国的启示[J].亚太经济，2014（2）：95.

[81] 盛斌，果婷.亚太区域经济一体化博弈与中国的策略选择[J].世界经济与政治，2014（10）：4-21.

[82] 盛斌，果婷."一带一路"倡议与APEC区域经济合作[J].亚太经济，2017（2）：6.

[83] 盛斌.亚太区域经济合作走向何方[M]//张蕴岭，沈铭辉.东亚、亚太区域合作模式与利益博弈.北京：经济管理出版社，2010：334.

[84] 石善涛.携手共建人类命运共同体[J].当代中国史研究，

2017（6）：28-29.

[85] 石云霞 . 习近平人类命运共同体思想研究 [J]. 学校党建与思想政治教育，2016（5）：4-6.

[86] 时殷弘 . 东亚的"安全两难"与出路 [J]. 南京政治学院学报，2000（6）：48.

[87] 史本叶，王玉莹 . RCEP 与 TPP 经济效应的比较研究——基于 GTAP 模型的实证分析 [J]. 经济视角，2016（6）：92-99.

[88] 宋鹏等 . 亚太自由贸易区的经济与环境效应及中国的策略选择 [J]. 国际贸易问题，2017（9）：59-70.

[89] 宋志勇 . 特朗普当选后的东亚区域经济合作展望 [J]. 东北亚论坛，2017（3）：51-58.

[90] 孙承 . 亚太经济合作的历史、现状与展望 [J]. 国际经贸研究，1994（1）：18.

[91] 唐国强，王震宇 . 亚太自由贸易区：路线图与优先任务[J]. 国际问题研究，2015（1）：86.

[92] 田旭明 . 习近平共同体思想及其当代价值意蕴 [J]. 学术论坛，2016（1）：15.

[93] 佟家栋 . 亚太地区经济合作一体化模式探讨 [J]. 亚太经济，2020（2）：35.

[94] 推进"一带一路"建设工作领导小组办公室 . 共建"一带一路"倡议：进展、贡献与展望 [EB/OL]. 中国一带一路网，2019-04-22.

[95] 王帆，凌胜利 . 人类命运共同体：全球治理的中国方案

[M].长沙：湖南人民出版社，2017.

[96] 王公龙等.构建人类命运共同体思想研究 [M].北京：人民出版社，2019.

[97] 王晖.特朗普政府亚太政策走向及东北亚区域经济合作[J].东北亚经济研究，2018（10）.

[98] 王金波.中日韩自贸区：三年内难修"正果" [J].经济，2012（2）：79-80.

[99] 王金强.TPP 对 RCEP：亚太地区合作背后的政治博弈[J].亚太经济，2013（3）：16.

[100] 王灵桂."一带一路"：理论构建与实现路径 [M].北京：中国社会科学出版社，2017.

[101] 王涛.中日韩合作机制的形成与演进 [J].国际信息资料，2012（10）：1-10.

[102] 王孝松，武皖.CPTPP 建立的影响及中国的应对策略探究[J].区域与全球发展，2018（3）：46-71.

[103] 王孝松.美国重返 TPP 的动机和可能性分析 [J].政治经济学评论，2018（4）：167-184.

[104] 王义桅.弘扬《联合国宪章》宗旨、告别虚伪的"普世价值"，追求人类共同价值观——"人类命运共同体"新理念三解[N].北京日报，2017-02-06（14）.

[105] 王易.全球治理的中国方案：构建人类命运共同体 [J].思想理论教育，2018（1）：25-26.

[106] 王毅.世纪条约引领中俄关系发展新航程——纪念《中俄

睦邻友好合作条约》签署十五周年［N］. 人民日报, 2016-07-18 (21).

［107］王毅. 中国提倡的伙伴关系具有四个鲜明特征［EB/OL］. 中国外交部官网, 2017-03-20.

［108］王玉主, 富景筠. 当前亚太区域合作形势分析［J］. 亚太经济, 2013（4）: 3-7.

［109］王玉主. RCEP 倡议与东盟"中心地位"［J］. 国际问题研究, 2015（3）: 46.

［110］王玉主. 小国集团的能动性——东盟区域合作战略研究［J］. 当代亚太, 2013（3）: 93-110.

［111］王玉主. 亚洲区域合作的路径竞争及中国的战略选择［J］. 当代亚太, 2010（4）: 73-87.

［112］文化部. "一带一路"文化发展行动计划（2016—2020 年）［EB/OL］. 中国政府网, 2016-12-29.

［113］吴怀中. 日本谋求"战略自主": 举措、动因与制约［J］. 国际问题研究, 2018（6）: 12-31.

［114］习近平. 共担时代责任　共促全球发展——在世界经济论坛 2017 年年会开幕式上的主旨演讲［N］. 人民日报, 2017-01-18 (3).

［115］习近平. 共建创新包容的开放型世界经济——在首届中国国际进出口博览会开幕式上的主旨演讲［N］. 人民日报, 2018-11-06 (3).

［116］习近平. 弘扬和平共处五项原则　建设合作共赢美好世

界——在和平共处五项原则发表 60 周年纪念大会上的讲话 ［N］. 人民日报, 2016-06-29 (2).

［117］习近平. 积极树立亚洲安全观　共创安全合作新局面——在亚洲相互协作与信任措施会议第四次峰会上的讲话 ［N］. 人民日报, 2014-05-22 (2).

［118］习近平. 开启中非合作共赢　共同发展的新时代——在中非合作论坛约翰内斯堡峰会开幕式上的致辞 ［N］. 人民日报, 2015-12-05 (2).

［119］习近平. 迈向命运共同体　开创亚洲新未来——在博鳌亚洲论坛 2015 年年会上的主旨演讲 ［N］. 人民日报, 2015-01-20 (2).

［120］习近平. 谋求持久发展　共筑亚太梦想——在亚太经合组织工商领导人峰会开幕式上的演讲 ［N］. 人民日报, 2014-11-10 (2).

［121］习近平. 为建设更加美好的地球家园贡献智慧和力量——在中法全球治理论坛闭幕式上的讲话 ［N］. 人民日报, 2019-03-27 (3).

［122］习近平. 习近平谈治国理政: 第二卷 ［M］. 北京: 外文出版社, 2017.

［123］习近平. 携手构建合作共赢新伙伴　同心打造人类命运共同体——在第七十届联合国大会一般性辩论时的讲话 ［N］. 人民日报, 2015-09-29 (2).

［124］习近平. 在西雅图出席侨界举行的欢迎招待会时的讲话 ［N］. 人民日报, 2015-09-25 (2).

［125］习近平. 中国发展新起点　全球增长新蓝图——在二十国

集团工商峰会开幕式上的主旨演讲 [N]. 人民日报, 2016-09-04 (3).

[126] 习近平. 共担时代责任　共促全球发展——在世界经济论坛 2017 年年会开幕式上的主旨演讲 [N]. 人民日报, 2017-01-18 (3).

[127] 习近平. 共同构建人类命运共同体——在联合国日内瓦总部的演讲 [N]. 人民日报, 2017-01-20 (2).

[128] 习近平. 弘扬"上海精神", 构建命运共同体——在上海合作组织成员国元首理事会第十八次会议上的讲话 [N]. 人民日报, 2018-06-11 (3).

[129] 习近平. 弘扬丝路精神　深化中阿合作——在中阿合作论坛第六届部长级会议开幕式上的讲话 [N]. 人民日报, 2014-06-06 (2).

[130] 习近平. 加强国际核安全体系　推进全球核安全治理——在华盛顿核安全峰会上的讲话 [N]. 人民日报, 2016-04-03 (2).

[131] 习近平. 坚持以新时代中国特色社会主义外交思想为指导　努力开创中国特色大国外交新局面 [N]. 人民日报, 2018-06-24.

[132] 习近平. 开放共创繁荣　创新引领未来——在博鳌亚洲论坛 2018 年年会开幕式上的主旨演讲 [N]. 人民日报, 2018-04-11 (3).

[133] 习近平. 牢固树立认真贯彻总体国家安全观　开创新形势下国家安全工作新局面 [N]. 人民日报, 2017-02-18 (1).

[134] 习近平. 深化互利合作促进共同发展——在新兴市场国家与发展中国家对话会上的发言 [N]. 人民日报, 2017-09-06 (3).

[135] 习近平. 顺应时代前进潮流　促进世界和平发展——在莫斯科国际关系学院的演讲 [N]. 人民日报, 2013-03-24 (2).

[136] 习近平. 习近平谈治国理政 [M]. 北京: 外文出版社, 2014: 354.

[137] 习近平. 携手共命运, 同心促发展——在二〇一八年中非合作论坛北京峰会开幕式上的主旨讲话 [N]. 人民日报, 2018-09-04 (2).

[138] 习近平. 携手构建合作共赢　公平合理的气候变化治理机制——在气候变化巴黎大会开幕式上的讲话 [N]. 人民日报, 2015-12-01 (2).

[139] 习近平. 携手建设更美好的世界——在中国共产党与世界政党高层对话会上的主旨讲话 [N]. 人民日报, 2017-12-02 (2).

[140] 习近平. 携手努力, 并肩前行, 开创新时代中俄关系的美好未来——在中俄建交 70 周年纪念大会上的讲话 [N]. 人民日报, 2019-06-07 (2).

[141] 习近平. 携手推进 "一带一路" 建设——在 "一带一路" 国际合作高峰论坛开幕式上的演讲 [N]. 人民日报, 2017-05-15 (3).

[142] 习近平. 携手追梦中澳发展梦想　并肩实现地区繁荣稳定——在澳大利亚联邦议会的演讲 [N]. 人民日报, 2014-11-08 (2).

[143] 习近平. 在第二届世界互联网大会开幕式上的讲话 [N]. 人民日报, 2015-12-07 (2).

[144] 习近平. 在联合国教科文组织总部的演讲 [N]. 人民日报, 2014-03-27 (3).

［145］习近平. 在庆祝改革开放四十周年大会上的讲话［N］. 人民日报，2018-12-19（2）.

［146］习近平. 中国发展新起点　全球增长新蓝图——在二十国集团工商峰会开幕式上的主旨演讲［N］. 人民日报，2016-09-04（3）.

［147］肖群忠，杨帆. 文明自信与中国智慧——构建人类命运共同体思想的实质、意义与途径［J］. 中国特色社会主义研究，2018（2）：31.

［148］肖特，陆之瑶. TPP 之后的亚太区域主义［J］. 新金融评论，2017（3）：156.

［149］徐金金. 特朗普政府的"印太战略"［J］. 美国研究，2018（1）：8.

［150］杨立强，余稳策. 从 TPP 到 CPTPP：参与各方谈判动机与贸易利得变化分析［J］. 亚太经济，2018（5）：57-64.

［151］杨悦，张子介. "美国优先"及其对美韩同盟的影响探析［J］. 太平洋学报，2019（3）：15.

［152］尹晓波. 亚太经合组织环境合作模式探讨［J］. 当代亚太，2005（2）：48-52.

［153］于潇，孙悦. 逆全球化对亚太经济一体化的冲击与中国方案［J］. 南开学报（哲学社会科学版），2017（6）：93.

［154］于洋，于国政. 中日韩自贸区建设探析［J］. 东北亚经济研究，2018（2）：46-55.

［155］喻常林，黄云静，张祖兴，等. 当代亚太国际关系与地区合作［M］. 广州：中山大学出版社，2008：142.

[156] 袁波. CPTPP 的主要特点、影响及对策建议 [J]. 国际经济合作, 2018 (12): 20-23.

[157] 袁源. 在博鳌读懂"逆全球化" [N]. 国际金融报, 2017-03-27 (1).

[158] 张彬, 张菲. RCEP 的进展、障碍及中国的策略选择 [J]. 南开学报 (哲学社会科学版), 2016 (6): 122-130.

[159] 张彬. 国际区域经济一体化比较研究 [M]. 北京: 人民出版社, 2010.

[160] 张国军. 亚太区域经济合作机制: 变迁、战略博弈与对策 [M]. 北京: 光明日报出版社, 2020.

[161] 张恒龙, 葛尚铭. 印度的双边自由贸易协定 (FTA) 战略及对中国的借鉴 [J]. 新疆师范大学学报 (哲学社会科学版), 2017 (3): 115-123.

[162] 张建平. 中国推进"区域全面经济伙伴关系"的战略考量 [J]. 亚太经济, 2014 (2): 134.

[163] 张珺, 展金永. CPTPP 和 RCEP 对亚太主要经济体的经济效应差异研究——基于 GTAP 模型的比较分析 [J]. 亚太经济, 2018 (3): 12-20.

[164] 张昆鹏. 特朗普"美国优先"政策的深层次动因及对华政策 [J]. 和平与发展, 2017 (6): 46.

[165] 张丽娟. 美国贸易政策的政治经济学 [M]. 北京: 经济科学出版社, 2017.

[166] 张茜. CPTPP 争端解决机制比较研究——以 WTO 争端解决

机制改革为视角 [J]. 大连海事大学学报（社会科学版），2018（6）：16-24.

[167] 张群. 亚太区域经济合作中的制度博弈 [J]. 国际关系研究，2018（6）：101.

[168] 张生，CPTPP 投资争端解决机制的演进与中国的对策[J]. 国际经贸探索，2018（12）：95-106.

[169] 张天桂. 亚太经济一体化的现实路径与推进策略——共建"一带一路"的视角 [J]. 国际展望，2018（6）：120-138，161-162.

[170] 张田园. 美国退出 TPP 对亚太经济合作与一体化的影响 [J]. 国际研究参考，2017（6）：10.

[171] 张婷玉. 美国自由贸易区战略研究——基于政治经济视角 [D]. 沈阳：辽宁大学，2014.

[172] 张希中. 习近平命运共同体思想的形成维度、内涵及价值意蕴探析 [J]. 行政与法，2016（2）：5.

[173] 张宇燕. 习近平新时代中国特色社会主义外交思想研究 [J]. 北京：中国社会科学出版社，2019.

[174] 张蕴岭. 日本的亚太与东亚区域经济战略解析 [M]. 日本学刊，2017（3）：1-11.

[175] 张蕴岭. 亚太经济一体化的进程与前景 [J]. 国际经济合作，2017（7）.

[176] 张战. 构建人类命运共同体思想研究 [M]. 北京：时事出版社，2019.

[177] 赵金龙，顾玉龙. 日本 FTA 战略的影响因素及其发展路径

[J]. 国际商务研究，2018（4）：36-43.

[178] 赵可金. 人类命运共同体与中国外交新方向 [J]. 人民论坛，2017（12）：41-43.

[179] 赵亮，陈淑梅. 经济增长的"自贸区驱动"——中韩自贸区、中日韩自贸区与 RCEP 的比较研究 [J]. 经济评论，2015（1）：92-101.

[180] 赵灵翡，郎丽华. 从 TPP 到 CPTPP：我国制造业国际化发展模拟研究——基于 GTAP 模型的分析 [J]. 国际商务（对外经济贸易大学学报），2018（5）：61-72.

[181] 郑德良. 跨文化现象与亚太区的经济崛起 [J]. 南方经济，1990（5）：99-102.

[182] 郑学党，庄芮. RCEP 的动因、内容、挑战及中国对策[J]. 东南亚研究，2014（1）：34.

[183] 郑昭阳，孟猛. 亚太自由贸易区的经济效应分析 [J]. 国际经济合作，2017（7）：28-33.

[184] 中国商务部. 中国对外直接投资发展报告（2018）[EB/OL]. 中国商务部官网，2019-07-13.

[185] 中共中央马克思恩格斯列宁斯大林编译局. 马克思恩格斯文集：第 8 卷 [M]. 北京：人民出版社，2009.

[186] 庄芮，林佳欣. RCEP：进展、挑战与前景 [J]. 东南亚研究，2018（4）：87-102.

[187] 庄芮，张国军. 亚太经合组织三十年发展回顾与展望[J]. 海外投资与出口信贷，2019（1）：20-23.

［188］庄芮，张国军. 亚太区域经济合作与中国—东盟自贸区建设［J］. 宏观经济管理，2013（6）：67-69.

［189］庄芮. 亚太区域经济合作下的中国 FTA 战略［J］. 国家行政学院学报，2012（3）：26-30.

［190］庄芮. 中印参与区域经济合作现状分析与比较［J］. 当代亚太，2007（2）：44-51.

英文部分

［1］ABAC，PECC. An APEC Trade Agenda? The Political Economy of a Free Trade Area of the Asia Pacific［EB/OL］. APEC 官网，2006：1-180.

［2］ANDREW E. Towards a Single Market：A 21st Century Vision for Asia Pacific Economic Integration［J］. Journal of East Asian Economic Integration，2010（14）.

［3］APEC Policy Support Unit. APEC in Charts 2019［EB/OL］. APEC，2019.

［4］BAHARUMSHAH A Z，et al. Is a Regional Trade Bloc a Preclude to Multilateral Trade Liberalization? Empirical Evidence from the ASEAN-5 Economies［J］. Journal of Asian Economics，2007（18）.

［5］BALDWIN R. A Domino Theory of Regionalism［EB/OL］.NBER 官网：NBER Working Paper，1993（4465）：1-23.

［6］BALDWIN R.Multilateralizing Regionalism：Spaghetti Bowls as

Building Blocks on the Path to Global Free Trade [EB/OL]. NBER Working Paper 2006 (12545): N R. 1-47. [2020-04-30]. NBER 官网.

[7] BERGSTEN C F NOLANDM, SCHOTT J J. The Free Trade Area of the Asia-Pacific: A Constructive Approach to Multilateralizing Asian Regionalism [EB/OL]. ADBI Working Paper, 2011 (336): 1-23. [2020-09-30] 亚洲开发银行研究院官网.

[8] BO C, WOO Y P. Measuring Economic Integration in the Asia-Pacific Region: A Principal Components Approach [J]. Asian Economic Papers, 2010, 9 (2): 121-143.

[9] CHEONG I, TONGZON J. Comparing the Economic Impact of the Trans-Pacific Partnership and the Regional Comprehensive Economic Partnership [J]. Asian Economic Paper, 2013, 12: 2.

[10] CHEONG I. Korea's Position on CK FTA, CJK FTA, TPP & RCEP: A Personal Viewpoint [J]. CNCPEC Seminar, 2013 (11): 14-15.

[11] CHEOW E T C. Strategic Relevance of Asian Economic Integrtaion [J]. Economic and Political Weekly, 2005 (9): 3960-3967.

[12] CHIRTAHIVAT S, PITI S. The 2030 Architecture of Association of Southeast Asian Nations Free Trade Agreements [EB/OL]. ADBI Working Paper 419, 2013: 23. [2013-04-30] 亚洲开发银行研究院官网.

[13] CHONG-SOON L, MOON D. Impacts of Sequential Free Trade Agreements in East Asia: A CGE and Political Economy Analysis [J].Global Economic Review, 2010 (39): 365-381.

［14］LI C D, WANG J, China's Regional and Bilateral Trade Agreements［EB/OL］. National Burean of Economic Research, Inc. NBER Working Paper 19853, 2014: 1-26. ［2014-01-31］NBER 官网.

［15］COX M. Modern Disturbances to a Long-lasting Community-based Resource Management System: The Taos Valley Acequias［J］. Global Environmental Change, 2014, 24（1）: 213-222.

［16］EOM G H. Silk Roads Again: Revisiting Roads Connecting Eurasia［J］. Journal of Eurasian Studies, 2017, 8（1）: 1-2.

［17］FEINBERG R. Voluntary Multilateralism and Institutional Modification: The First Two Decades of Asia Pacific Economic Cooperation（APEC）［J］. R. FEINBERG, 2008（3）: 239-258.

［18］FERDINAND P. Westward Ho-the China Dream and "One Belt, One Road": Chinese Foreign Policy under Xi Jinping［J］. International Affairs, 2016, 92（4）: 941-957.

［19］FUKUNAGA Y, ISONO I. Taking ASEAN+1 FTAs towards the RCEP: A Mapping Study［EB/OL］. ERIA Discussion Paper Series, 2013（2）.

［20］GIPPNER O. Antipiracy and Unusual Coalitions in the Indian Ocean Region: China's Changing Role and Confidence Building with India［J］. Journal of Current Chinese Affairs, 2017, 45（3）: 107-137.

［21］GULUZIAN C R. Making Inroads: China's New Silk Road Initiative［J］. Cato Journal, 2017, 37（1）: 135-147.

［22］HOFFMAN J. China's Search for the Future: A Genealogical Approach [J]. Futures, 2013 (54): 53-67.

[23] JAKOBSON L. Reflections from China on Xi Jinping's "Asia for Asians" [J]. Asian Politics & Policy, 2016, 8 (1): 219-223.

[24] JIN-HO Y, et al. The Decade-Long Journey of Korea's FTAs [EB/OL]. IIT Working Paper, 2014 (1): 1-56.

[25] KAWAI M, WIGNARAJAG. ASEAN + 3 or ASEAN + 6: Which Way Forward? [EB/OL]. Genera, Switzerland: ADBI Discussion Paper, 2007 (77).

[26] KAWAI M. A Closer Look at East Asia's Free Trade Agreements [J]. East Asia Forum, 2011 (2).

[27] KAWAI M. East Asian Economic Regionalism: Progress and Challenges [J]. Journal of Asian Economics, 2005 (16).

[28] KIM N K. Trust Building and Regional Identity in Northeast Asia [EB/OL]. IAI Working Paper, 2017, 17 (10): 1-18.

[29] KIM W S. The Rise of China and Power Transition Scenarios in East Asia [J]. Korean Journal of Defense Analysis, 2015, 27 (3): 313-329.

[30] KRIECKHAUS J. Geopolitics and South Korea's Economic Success [J]. Asian Perspective, 2017 (41): 43 - 69.

[31] LAMPTON D M. Xi Jinping and the National Security Commission: Policy Coordination and Political Power [J]. Journal of Contemporary China, 2015, 24 (95): 759-777.

[32] LI X, TIMOTHY M S. Same Bed, Different Dreams and Riding

Tiger Dilemmas：China 's Rise and International Relations /Political Economy [J]. Journal of Chinese Political Science, 2014, 19（1）：69-93.

[33] MARC J F, et al. The Geopolitics of China's Maritime Silk Road Initiative [J]. Geopolitics, 2017, 22（2）：223-245.

[34] Ministry of Foreign Affairs of Japan. Japan Revitalization Strategy—Japan is Back [EB/OL]. 日本外务省, 2013（6）：1-142.

[35] Ministry of Foreign Affairs of Japan. Japan Revitalization Strategy—Japan's Challenge for the Future [EB/OL]. 日本外务省, 2014（6）：1-179.

[36] MUHAMAD N. Economic Integration in Asia-Pacific [J].International Trade Forum, 2014（4）.

[37] New Zealand MFAT. Our Future with Asia [EB/OL]. Wellington, New Zealand：新西兰外交贸易部, 2007：1-74.

[38] New Zealand MFAT. Strategic Intentions 2015 – 2019 [EB/OL]. Wellington, New Zealand：新西兰外交贸易部, 2014：1-20.

[39] New Zealand MFAT. "Annual Report" [EB/OL]. Wellington, New Zealand：新西兰外交贸易部, 2014-2015：1-127.

[40] New Zealand MFAT. Statement of Intent 2014-2018 [EB/OL]. Wellington, New Zealand：新西兰外交贸易部, 2014：1-30.

[41] NOVPLAS F. China and the Global Economic Order：A Discreet Yet Undeniable Contestation [J]. China Perspectives, 2016（2）：7-14.

[42] PARK S C. RCEP versus TPP with the Trump Adimination in the USA and Implications for East Asian Economic Cooperation [J]. Entre-

preneurial Business and Economic Review, 2017, 5 (4): 135.

［43］PETRI P A, ABDUL-RAHEEM A. Can RCEP and the TPP be pathway to FTAAP? ［EB/OL］. PECC 官网, 2014-10.

［44］PUSHPA T. The Politics and the Economics of Integration in Asia and the Pacific ［J］. ASEAN Economic Bulletin, 2012 (36).

［45］SCHOTT J. Getting to the FTAAP via the TPP Turnpike ［EB/OL］. PIIE, 2010.

［46］The ASEAN Secretariat. A Blueprint for Growth ASEAN Economic Community 2015: Progress and Key Achievements ［EB/OL］. Jakarta: 东盟秘书处官网, 2015.

［47］The ASEAN Secretariat. ASEAN Economic Community Blueprint 2025 ［EB/OL］. Jakarta: 东盟秘书处官网, 2015.

［48］The ASEAN Secretariat. ASEAN Economic Community—at a Glance ［EB/OL］. Jakarta: 东盟秘书处官网, 2015.

［49］The White House. National Security Strategy of the United States of America ［EB/OL］. 美国白宫官网, 2017-12-18.

［50］USTR. 2020 Trade Policy Agenda and 2019 Annual Report of the President of the United States on the Trade Agreements Program ［EB/OL］. Washington, D. C.: The Office of the V. S. Trade Representative, 2020. ［2020-03-31］. 美国贸易代表办公室官网.

［51］USTR. 2017 Trade Policy Agenda and 2016 Annual Report of the President of the United States on the Trade Agreements Program ［EB/OL］. Washington, D. C.: The Office of the V. S. Trade Representative, 2020.

［2020-03-31］. 美国贸易代表办公室官网.

［52］USTR. 2018 Trade Policy Agenda and 2017 Annual Report of the President of the United States on the Trade Agreements Program ［EB/OL］. Washington, D. C. ： The Office of the V. S. Trade Representative, 2020. ［2020-03-31］. 美国贸易代表办公室官网.

［53］USTR. 2019 Trade Policy Agenda and 2018 Annual Report of the President of the United States on the Trade Agreements Program ［EB/OL］. Washington, D. C. ： The Office of the V. S. Trade Representative, 2020. ［2020-03-31］. 美国贸易代表办公室官网.

［54］VILACA G V. China and Global Governance： "One Belt One Road", New Development Bank and the Concept of Market State ［J］. Culture-History-Globalization, 2017 （22）： 241-258.

［55］WANG Y Z. Opportunities and Challenges for China's New Leaders in Building Mutual Trust with the World ［J］. Global Asia, 2013, 8 （3）： 32-37.

［56］WARNER M. On Globalization "with Chinese Characteristics"? ［J］. Asia Pacific Business Review, 2017, （23）： 309-316.

［57］YANG C C, YUAN J H. Construction of Culture Soft Power and a Community of Shared Future ［J］. Revista de cercetare Si intervent ie socială, 2018 （63）： 54-69.

［58］YE M. South Korea's Free Trade Strategy and East Asian Regionalism： A Multistage Approach ［J］. Asian Perspective, 2017 （41）： 147-174.

［59］ Yuen S C, HUR J R. Small Hubs, Large Spokes and Overlapping Free Trade Agreements ［J］. The World Economy, 2008 (31).

［60］ ZHANG, SHENMH. The Status of East Asian Free Trade Agreement ［EB/OL］. ADBI Working Paper, 2011 (282): 1-40.

［61］ ZHANG F. China as a Global Force ［J］. Asia & the Pacific Policy Studies, 2016, 3 (1): 120-128.

［62］ ZHAO S. American Reflections on the Engagement with China and Responses to President Xi's New Model of Major PowerRelations ［J］. Journal of Contemporary China, 2017, 26 (106): 489-503.